Kurt Drawert

Der Körper meiner Zeit

Kurt Drawert

Der Körper meiner Zeit
Gedicht

C. H. Beck

Fotografie: Kurt Drawert
Bildredaktion: Ute Döring
www.kurtdrawert.de

© Verlag C.H.Beck oHG, München 2016
Umschlaggestaltung: Leander Eisenmann, Zürich
Umschlagabbildung: Catherina Ziessler & Leander Eisenmann
Satz: im Verlag C.H.Beck
Druck und Bindung: Pustet, Regensburg
Gedruckt auf säurefreiem, alterungsbeständigem Papier
(hergestellt aus chlorfrei gebleichtem Zellstoff)
Printed in Germany
ISBN 978 3 406 69801 9

www.chbeck.de

Ich habe meine Hoffnung
auf Deserteure gesetzt.
Günter Eich

Buch (I) – O Odenwald

Neue, recht schöne Heimat- und Naturgedichte,
herausgegeben vom Verfasser höchstselbst –
nebst einer Nachbemerkung zur Lage des Waldes
im Allgemeinen sowie sehr besonders am Beispiel
der Sausuhle bei Crautenbach/Südhessen.

I

Ich bin das Reh auf drei Beinen, wenn es am Baum steht
in seiner natürlichen Unschuld, und die Kugel ist schon
unterwegs. Ich bin der Schuss, der nach hinten ab-/feuert,

der gefährliche Rückstoß, der Unfall, das verlorene Auge.
Ich bin, was mich treffen wird, und ich bin das Getrof-
fene selbst. Ich bin das Unglück von beiden Seiten seiner

Wirkungsgeschichte, der Jäger, ehe er tötet, und das Blut,
das er fordert. Das Reh auf drei Beinen, wenn es das
vierte Bein ab-/spreizt, ein wenig nach oben in Richtung

eines immer fehlenden Gottes, bin ich, ich bin der Grund-
widerspruch aller Dinge in sich, die Aporie in ihrem
ursächlichsten Zustand, der Knoten, der nicht ge-/löst

werden kann. Ich bin die Sandspur der Schnecke, der Fall
der Zapfen in einen Ameisenhaufen, die Linie der flinken,
flitzenden Tiere. *Ich sehe ringsum nichts als Dunkel-*

heiten, sagte Pascal. Ich sehe ringsum nichts als mich
auf drei Beinen, das vierte zur Seite gehalten,
so lächerlich, so tragisch, kurz vor dem Ein-/schuss.

Ich bin selbst dieser Einschuss, das Loch, das er auf-
reißt, die Frage, die keine Antworten findet, das Wort,
das gilt und das nicht gilt. Ich klage nicht, ich fasse zu-

sammen: 1.) Ich sehe nichts um mich her als Vergeblich-
keiten. Ich bin eine davon, kleiner als etwas und größer
als nichts, unendlich in ihrer Zer-/streuung nach innen,

die Seele, ein Splitter-/paradies, ein Scherben-/haufen,
ein Algorithmus, der seinen Kaufrausch erwartet.
Aber nicht Nichts sein zu können, ist etwas, immerhin.

In Hinblick auf das Loch in meinem ab-/getrennten,
auf-/geplatzten Rehbockschädel bin ich also: 2.) alles.
So gehe ich hin, die Berge herauf und die Täler herab,

wenn der späte August erste Zeichen von Fäulnissen
sendet und die klügeren Vögel schon für den Rückflug
bereit sind. Der Mais ist die Uhr der Natur, er wächst,

er blüht, er verbrennt, grün, gelb, braun, schwarz. Ich laufe an der Zeit vorbei und zähle, was mich überlebt – ein Vielfaches immer. Hingegen ich bin 3.) das einzige Ding,

das mich nicht überdauert.

II

Es ist nicht immer schlecht, wenn es nichts gibt.
Der Bussard kreist über der Weide, die still und verbrannt

in sich selbst ruht, kein Wind peitscht die Bäume, die abgezählten Rinder, die mir jeden Tag (o tote, geschändete

Metapher) «ins Auge fallen», sobald der Bauer
sie frei lässt, sind ein Loch im Gewebe des Bildes,

das ich mir von dieser Gegend gemacht haben werde,
später, wenn ich noch einmal älter als jetzt bin und wahr-

scheinlich blind, unterwegs auf einer Karte der erinnerten
Landschaft, in der man gelebt hat wie in Ketten geschlagen.

Das Fernsehgerät meines Nachbarn im Dauerbetrieb
zeigt die immergleiche Werbeschleife, alles ist größer,

als es ohne Übertreibungen wäre, der Apparat ist größer
als die Wand, an der er hängt, die Wand ist größer

als das Haus, das sie durchzieht, das Haus ist größer
als alle Bäume, die der Länge nach am Boden liegen

und vom Halswirbel abwärts gevier-/teilt werden, morgen,
wenn der Regen vorbei ist, der kein Novemberregen, kein

Schneeregen ist, kein apokalyptischer Regen, wie ihn
die Herbstwinde bringen. Es sind feine, warme Linien

der Luft, verspielte, versponnene Muster des Himmels,
die jetzt ein Helikopter zer-/schneidet, der nicht sucht,

was ich denke. Ich höre, was mein Nachbar sieht.
Es ist nichts, wie alles hier nichts ist, angenehm leer,

der Tontopf mit herausgeschlagenem Boden, der Blick,
wenn er ausschließlich sammelt, was er schon kennt,

die leere Stimme aus einem leeren Gehäuse: *Niemand ist
da*. Auch ich bin nicht da, sondern dort, wo ich nicht bin.

«And where you are is where you are not», schreibt Eliot.
Eine Wüste ist schön, solange sie kein Wasser verspricht.

Das Unglück beginnt, wo die Versprechen enden.
Das Fernsehgerät im Dauerbetrieb mit der immer-

gleichen Werbeschleife ist reines Unglück, von dem
der Betrachter nichts weiß, entschlafen vor seiner Knister-

tüte Vogelfutter und Coca-Cola vom Biobauern.
Nichts plus nichts ist nicht das Gleiche. Mein Nachbar

ist nicht die Figur in der Serie, die nichts tut, bis sie um-
fällt und tot ist. Die Differenzen sind dennoch nur klein,

fast nicht zu erkennen. Der Tod und die Fotos des Todes,
ein Fest auf dem Gutshof und die Beerdigung einer Taube

am Rande der Erdbeerfelder hinter dem Haus, sind gleich-
viel viel oder wenig. Die Zirkel des Vergehens sind kurz,

schon bricht der Tag / in zwei Teile. Ja, wir hatten die Zeit,
und keiner wird es bestreiten. Aber wo wir waren, als sie

verging, weiß heute niemand.

III

Der Ton der grausamen Glocken besagt: Jetzt musst du
Entscheidungen treffen, oder sie betreffen schon dich,
    und dann ist es zu spät. Auf die Stunde gerechnet,
    heißt das, gehen oder nicht gehen, etwas oder nichts

tun, in diesem Netz aus Regen und Stillstand und dem laufen-
den Fernsehprogramm. In diesem Moment kam Sehnsucht nach
    Industrie in mir auf, elektronische Bauelemente, ver-
    worren zusammengekehrt von einem Schwarzen, der

sich Schwarzgeld verdient, leere Handygehäuse, ein Monitor
mit zerschlagener Scheibe, denn so ist das Leben zu 2 Dritteln
    auch. Noch mehr Kultur gibt es nur an der Tanke, sie ist
    alles, was ab abends um sechs hier noch bleibt und in die

letzte Stunde dämmert. Um zehn ist Rattenstunde, trotz illumi-
niertem Zweckbau, der den Anschein erweckt, es sei etwas los.

Nichts ist, gar nichts, und selbst wenn etwas wäre, wäre
es nichts, die reine Vortäuschung einer mit Leere aufge-

schäumten, hochgequirlten Kunstmaterie, die aus einem Mode-
heft rieselt, serienmäßig, wie abgehängte Schweinefüße, wie
Anstaltskleidung, die sich für einen Festanzug hält.
Die Sonne bricht durch die Wolken, wie ein perforierter

Blinddarm sich in den Bauchraum ergießt. Die Strahlen sind
schmutzig, etwas gerötet, vor Scham. Die hellen Stunden neh-
men ab, die Fliegen zu, das muss einen Zusammenhang
bilden, wenn sich die Tiere versammeln, wo anderntags

gestorben wird. Fliegen, sagt man, sind die Engel des Purgato-
riums, Gefährten des letzten Weges. Sie haben ein feines Ge-
spür für Auflösungen und Verfall. Dann kommen sie
auch und halten sich auf. Einige verbrennen am Licht

einer Lampe, andere paaren sich, aber Geduld haben sie alle. Ab
wann der August September heißt, steht nicht in den Sternen,
aber offen steht der Weg in den Winter, die Tür zur Kälte
ist aufgestoßen, und immer noch zögernd gehen wir hin-

durch. Gewöhnlichkeit ist eine Gnade der Natur, die Gewöhnung
an die Gewöhnlichkeit, das allmähliche Hinüber-/wechseln in
einen anderen Zustand, das sich selbst nicht erfahrende
Gehen. So altern wir. So sterben wir. Wie der Sprung

Blicke 14.8.13 I 20.8.13 I 21.8.13 I 25.8.13

eines Spiegels den Blick bricht eines festgehaltenen Bildes,
und stets unumkehrbar. Wir sahen uns nach langer Zeit an
und erkannten die Niederlagen, die Schüsse von hinten.
Außerhalb einer geregelten Form, eine Linie, die ab-

bricht, eine Folge, die endet, ist alles vergeblich, und deshalb
reden wir, auch wenn die Sprache keinen Sinn mehr verfolgt,
weiter, und weiter, damit die Erzählung ihren Abgrund
nicht zeigt, ihr ver-/rücktes, unendliches Nichts. Denn

es ist nichts, auch wenn etwas ist, und das erzählen die Fliegen
am Tage.

IV

Schaffe müsse muss hier jeder, streng puritanisch, wie
die Gleichzeitigkeit des Tickens der Uhren mit Weck-
funktion für die Lieblingssendung. *Ich habe gedenkt,*
du musst schaffe gehe, dazu rot gefärbte Haare und coole

grüne Fingernägel. Das *Hexehuus* hat sie allein aus dem
Sperrmüll gezogen und ungelogen allein neu errichtet.
Abends sitzen zum Schwarzbier die sprachlosen Männer
und entgehen ihrer Nichtigkeit nicht. Polternd und viel

zu laut, sind sie stumm und vermuten in mir einen Lehrer,
weil ich lesen kann. Manchmal, wenn auch keine Spinne
im Raum ist, der man süchtig nach einer Bewegung nach-
schauen könnte, wie sie das Geheimnis des Lebens in weiße

Laken verwebt, setzt sich mir an die Seite, dort, wo die
Leber die Gifte des Tages auskocht, ein Trinker und trinkt
und liest mit. *Düsch is abbe nix for unsre eens.* Ja, gut,
stimmt. Ich lese nur noch Bücher hart auf der Linie zur

Unverständlichkeit, wenn die Terme in die Bilder stürzen
und das Herzgeschäft zur Formel wird. Antike Ware,
als Denken noch sinnlich war und schön wie zwei sich
liebende Geschlechter. Was Zwecke erfüllt, ist schon

verloren, noch ehe es a sagen konnte. – «Erzählen Sie das
mal dem Volkswirt von Entenhausen, der tot umfällt,
wenn seine Kuh ihre Melkmaschine nicht von selber findet.»
Auf ein Zeichen warten sie alle, doch was kommt, ist Leere

und der bittere Geschmack im letzten Tropfen des Glases.
Ich fühle mich wie der September, in dem schon verbraucht
ist, was gut war, die Sätze fallen in die Risse der Sprache
und kommen zu keinem Resultat, es beginnt nichts mehr

und es endet noch nichts. Du musst mit Wiederholungen
leben, mit Gedanken in Schleifen, die unendlich kreisen
und am Grunde immer rätselhaft sind, denn es neigt sich
alles zum Rätselhaften, je länger wir leben. Es gibt auch

die helleren Tage, die sonnigen Stunden, die Erinnerungen
an etwas und ein Verlangen nach dem Verlangen, nur
die Werkzeuge fehlen. Auch wenn die Blüte noch steht,
ist die Blume gebrochen. Es ist noch Zeit, nur mir bleibt

keine mehr. Jede Minute ist unwiderruflich wie der Schnitt
des Metzgers in die Kehle der Schweine. Ich verblute
mit jeder Stunde. Meine Augen, die mich ernähren,
tragen mich noch über die Zeilen hinweg, aber sie über-

springen das meiste. Sie nehmen viel schneller wahr,
als ich es je könnte, wissen, wann nichts mehr folgt, sind
erfahren, reif wie die Kirschen, in denen schon die Maden
auf Wanderschaft sind. Ich kann so vieles nicht mehr

lesen, denn zu vieles habe ich verpasst, und zu vieles
war umsonst wie der Blick des Gärtners auf die graue Erde
des Gartens / nach den Erfolgen.

V

Ein Haushalt für einen heißt immer: vergammeltes Obst,
Karotten mit schwarzer Haut, alles, was die Ameisen
lieben. Es gibt zu vieles, das niemand mehr braucht,
und du siehst es, wenn du allein bist mit deiner Stimme

und dem schnellen Ende der Sätze. Allein sein heißt,
ein Teller, ein Messer, ein Glas. Was jetzt kommt, ist
Notzucht und Verpflichtung zum Mehrwert. Wenn stimmt,
dass mein Begehren das Begehren des anderen ist, ist gut,

man lebt in Monologen. Nur die Liebe hat das Recht,
zu verwirren und verschwenderisch zu sein, so wie du
in mein Leben gestolpert bist und ich losging, um uns
sofort vergoldetes Besteck zu besorgen. Heute liegt es

in einer alten Kommode, und wir sehen es nicht mehr.
Das Glück ist kurz, das die Dinge uns schenken, und Liebe
endet, wo die Dinge ihren Anfang haben. Ein Stuhl, ein
Tisch, ein Bett, ich meine nicht: *dies ist meine Mütze/*

dies ist mein Zwirn, wie ein Dichter es schrieb, als jeder
Restbestand schon ein Vermögen war, ich meine die Genüg-
samkeit, nur im Radius des Körpers zu leben, alles andere
gehört in die Welt der Verblendung. Begierde ist nur

ein Wort, keine Sache, oder sie steuert uns geradewegs
ins Grab. Als ich das schrieb und kurz aufsah, sah ich
zwei Kinder mir am Hang gegenüber, wie Edelsteine,
wenn sie geputzt in der Vitrine liegen, zwei gefallene

Septembersterne, im Glanz ihrer vergänglichen Unschuld,
standen und hielten sich fest an den Händen. Seltsam,
wie ein Bild sich verändert, sobald ein Mensch es
betritt; und er bildet immer die Mitte, auch wenn er

am Rand steht. Als ich dann abermals hinsah, waren
die Sterne verschwunden, die Steine gestohlen, die Bilder
wie stets und immer die gleichen. Mir fehlt zum Überleben
eine Mauer der Klage, ein Raum für die Zweifel, ein Haus

für die letzten bleiernen Jahre. Mit jeder Minute vergeht
die Zeit schneller, auch wenn sie im Kreis läuft. Die
alten Männer im alten Gemäuer der Kneipe am Ausgang
der Kirche, Alternativsaufanlage zum *Hexehuus* drei Wege

weiter, ein Generationswechsel um zweihundert Jahre,
versteinerte Gesichter, aschgrau, die Karten aufgeblättert
und ungespielt, die Würfel zurück in die geöffneten Hände
gefallen, von der aus ihre Zukunft begann. Hier ist Stumm-

heit auch Stille, nichts drückt als Bewegung sich aus,
die Falten der alten Haut, von Kriegen durchfurcht
wie die Erde von Schützengräben im Kursker Bogen,
die der Schankwirt mit Verdun in einer Rede zueinander-

bringt, hier findet das Ende der Geschichte, mehrfach
beschworen unter Berufung auf Theorien, tatsächlich statt.
Der mechanische Kuckuck alle dreißig Minuten, wenn er
herausschnellt aus seinem Gehäuse und zur geruhsamen

Nachtwache läutet, wird an Erkenntnis durch nichts über-
troffen. Die Weben der Spinnen beginnen, sich zu ver-
heddern und Netze zu ziehen, die doppelt gespannt sind,
und wenn ein Finger sich hebt zur letzten Bestellung,

war das schon der ganze Kommentar. Keiner hat Tränen
genug, um von sich selbst zu erzählen, geschweige denn,
es gäbe Worte für alles, was ausblieb und
                                        nicht wiederkommt.

VI

Mein Nachbar auf Zeit war Bulgare, der sich vom goldenen
Kalb des Westens ernährte – ein paar Knochenrückstände,
die keiner mehr verwerten konnte. Nachts, wenn die anderen
durch ihre Wunschträume fielen, fuhr er für eine Apfelwein-

bude die abgezapften Flaschen durchs Land. Ich sah ihn nie,
aber ich hörte ihn schlafen. Mit allen Sonderabzügen ver-
diente er, was hier ein Rindersteak kostet. Arm geboren
und nichts hinzugelernt, das gibt es für jeden und überall.

Noch riecht es nach ranzigem Öl, das sich zäh in der Zimmer-
luft hält und wie die Kakerlaken durch die kleinste aller
Ritzen kriecht, aber auch das wird vergehen und vergessen
wird auch dieser Arbeiter sein. Ein Stück vom Kuchen

will jeder, nur ein Messer zum Schneiden bringt keiner mit,
sagt uns der Volksmund im Kuhstall. *Natürlich Deutsch –
was sonst?*, fragt das Plakat zur Bundestagswahl an der
Stalltür. Die Kampfmaschinen im Meinungsduell, laut TV-

Spielfilm XXL, 18/13 vom 1. September, der Unterhaltungs-
tipp des Tages mit garantiertem Jux-Anteil: *Pannen Peer
muss angreifen. Kann Angie clever parieren?* Das sind so
Fragen, die unter die Haut aller Nutztiere passen, heiß aus-

gewürfelt am Stammtisch zur Idiotenstunde. Sonst ist hier
wirklich gar nichts politisch, eher kryptisch, die Rufe
der Eulen und das Jammern der Katzen, die keinen Partner
erwischen. Wer kann, fährt weiter. Außer August zweiund-

siebzig, *da war hier alles dicht und zugenäht*, erzählt mir
der Pensionsbesitzer, und eine Träne fällt ins Portemon-
naie, das er geöffnet in den Händen hält, damit ich das
Luftloch erkenne. Jetzt ist es einsam. Nur manchmal ein

Wanderarbeiter, und eben ich, dasselbe auf schriftliche
Weise. Vorhin aber war ich der höchste geometrische Punkt,
auf ebener Erde, und über mir der himmlische Zorn.

Jetzt ein Schlag ins Genick, ein elektrisches Zucken,

und das Buch ist zu Ende, dachte ich, als es blitzte wie
bei einer Polizeikontrolle auf der B 38, und ich wie immer
zu langsam. Doch dass in mich etwas einschlägt, war
eher nicht zu vermuten, die reine Größenphantasie,

die im Kleinen sich aufhält. Nein, ich rechne nicht damit,
als wesentlich erkannt zu werden – aber erkannt zu werden
an und für sich, so wie man auch einen Käfer erkennt
und seine Schritte über ihn weg hebt, das wäre schon,

was ich erwarte von meinem Sozialstaat. Dann die Zeile
gelesen: *Der fehlende Schlüssel liegt immer in der Hand
eines Leprakranken*, als auch schon die Meldung durch
die Dorfpresse pfiff: *Der Angriff der Kühe /*

hat begonnen.

Blicke 26.8.13 I 29.8.13 I 12.9.13 I 24.9.13

VII

Die Wolken sind Kontinente der Sprache, ihr Weg Sätze,
ihre zer-/reißende, zer-/fließende Substanz zeigt uns
die Leere zwischen den Wörtern, die wir sprechen und die

wir nicht gesprochen haben – wenn die Wolke ver-/fliegt,
und das Bild, das sie malte, ist noch immer im Kopf.
Es bewegt sich andauernd alles, auch wenn es unbewegt

dasteht. Du brauchst nur an deinem Platz zu bleiben, einmal
zieht alles an dir vorbei. Die Fehler beginnen, sobald wir
diesen Ort, den die Zeit uns geschenkt hat, verlassen

und der Sehnsucht folgen, die nie sich selbst, sondern nur
im Austausch die Objekte findet. Es stimmt, wir wissen
nicht wirklich Bescheid, wo wir sind, wenn wir denken.

Jeder trägt schwer an seinem zweifachen Leben, der
virtuellen Konkurrenz. Die alte Frau, die jetzt vor mir
den Feldweg hinabgeht, getroffen von einem Licht,

das sie zeichnet, sie kann auch aus einem Werbefilm sein,
eine Abgesandte der Portale, die uns heimgesucht haben
wie eine Krankheit, die noch keinem bekannt ist, uns aber

für immer verändern. Wenn das Netz der symbolischen Welt
reißt, zusammen-/gewebt aus vielen Kulturen und haltbar
bis in die Syntax der Träume, fallen wir tief, und es deutet

viel darauf hin. Das Schauspiel der Wolken ist eine ver-
zweigte Geschichte, und sobald der nackte Himmel
sich zeigt, farblich unentschlossen, frei von Linien

und Geometrie, haben wir Einblick, dass nichts uns
erwartet. Alles beginnt im Vergehen, und es vergeht
im Beginn. Ich habe den September nie sehr gemocht,

weil er verhaftet ist und den Sommer verteidigt, seine
eisigen Zwischenbilanzen, Übergänge, kalten Spuren
im warmen Licht, wenn es hinter dem Rücken der Berge

verdämmert wie mein Vater in seiner Demenz. Aber das
ist eine andere Geschichte, und vielleicht erzähle ich,
zum Vater meines Vaters geworden, davon später einmal.

Es gibt so vieles, das im Fluss der Wolken entsteht und
niemals zu Wort kommt. Fast alles bleibt unerzählt, das
können wir wissen. Und doch zieht das Schweigen eine

kostbare Schleppe hinter sich her, die zur Rede gehört,
und wie das Geräusch einer Säge im Wald, wenn es
den Menschen ankündigt, nimmt sie die Stille uns ab.

Vielleicht ist das auch der einzige Raum, der uns zu-
erkannt wurde. Der Rest ist Tagtraum, sind die Toten
unter der Erde der Illusion. Ich hole die Wäsche herein,

wenn es regnet, und es gibt Tage, da lohnt sich
                                    kein einziges Wort.

VIII

Ich habe beschlossen, nur an mir selber zu scheitern, das
ist mein letztes Privileg. Dann sollen die Hunde kommen
und den Rest in die Erde verscharren mit schmutziger

Pfote. Es ist keine Frage der Zeit, wie viele Texte ich
noch leben werde, sondern eine der Zuversicht und des ab-
nehmenden Mondes über dem leeren Horizont. Wir müssen

zu lange mit ansehen, wie der Saft aus dem Stamm treibt
und nutzlos im Brachfeld erkaltet, das macht misanthropisch.
Ich beschwöre nicht das Schwarze unter dem Fingernagel

der Zukunfts-/losigkeit, ich bin auch nicht der apokalyp-
tische Reiter des Augenblicks, der die gezinkten Karten
der Profiteure hart auf den Tisch knallt, ich stecke mir

nur keine Blume ins Knopfloch, das ist alles. Alter
befreit, höre ich sagen, und darauf möchte ich warten,
hier, in dieser Ödnis am Rande der gewünschten Betäubung.

Zwischendurch ein Gespräch mit einem Wesen an meiner Wand,
von dem ich keine Vorstellung habe und keinen Namen.
Ich habe so wenig gelernt von den Dingen, die nutzlos sind,

das beschämt mich am meisten. Die falschen Bücher,
und wir gehen verloren wie eine Meldung des Tages
im Munde des Nachrichtensprechers. Zu überleben aber

ist eine Variante der Rache, daran können wir glauben
und halten uns fest, wie der Ertrinkende klammert an einem
kleinen Stück Treibholz, das er für den Rettungsring hält.

Wenn zwei Verirrte sich suchen, finden sie nie zueinander.
Also muss einer bereit sind, dem anderen einen Ort zu er-
finden, der ihn empfängt. Ein Phantasma, vielleicht, doch

gültig bis auf Widerruf aus den Zentralen der Geheimnis-
losigkeit (und meistens *getwittert*). Es fällt mir schwer,
dir zu sagen, wie ich daran glaube, dass es uns gibt,

und möglich ist auch, dass der lange Atem der Rede
nichts als diese Bestätigung sucht. Am Ende geht es
immer nur um ein Wort, das gerade fehlt, und darum

sprechen wir zu viel. Der goldgelbe Käfer, der mir
Gesellschaft leistet und diskreten Abfall auf meinem
Schreibtisch zurücklässt, über den er flaniert, nicht

ohne Stolz, als wäre hier alles schon bereit für die Druck-
maschine und seine Spur eine Träne des Endverbrauchers,
wer sagt, er sei weniger wert als die kühnste Metapher,

der schönste Satz, der reinste Gedanke? Und wer meint,
dass er nicht lesen kann, nur weil er in den Schmutzecken
der Küche gezeugt worden ist? Sind wir nicht alle aus einem

Kübel gezogen, den uns ein demiurgischer Gott zurückließ
im ewigen Fluch? Verdammt und für schuldig befunden
ohne Amnestie? Wenn überhaupt, dann glaube ich an die Kraft

der Hoffnungslosigkeit, aber darum geht es auch gar nicht,
sondern um die Vergiftungsgefahren durch Schriften, die wir
inhalieren wie Gras oder zwangsweise einatmen müssen.

Ich lege die Papiere zur Seite und will sehen, wo mein Art-
genosse schläft. Dass er gewöhnlich wie Dreck ist, lässt
meine Ehrfurcht nur wachsen. Und ein kleiner Rest Nach-

sicht mit der eigenen Entbehrlichkeit bleibt auch noch
erhalten und wird zusammengekehrt, wenn es soweit ist.
Die Liebe ist die einzige Marktlücke, die nicht gefüllt

werden kann, doch darüber will ich / nicht schreiben.

IX

Der Souverän geht wählen, wie die Krähen über die Halde
kreisen auf der Suche nach essbaren Resten. Datum und
Uhrzeit sind austauschbar. Im Abfall liegt nichts. Keine
Zukunft kann keiner wollen. Mein T-Shirt mit der Meldung

I would prefer not to hängt nass auf der Leine. Die Un-
gewissheiten verdoppeln sich mit jedem Anlass, es tragen
zu wollen. Ich ergreife auch keinen Stift mehr und kreuze
in leeren Kästchen herum. Mir reicht, was ich nirgendwo

sehe. Mein Daumenabdruck ist schon gespeichert, was ich
nicht brauche, ist allen bekannt. Was kann man noch tun?
Einen Tintenklecks für Sprache halten, den Stelzengang
mit Größe verwechseln, das politische Rätselheft lösen.

Wenn die Blätter tot zur Erde sinken, ist alles gesagt.
Der September ist also gut, um mit der Urne durch die
Wälder zu hüpfen und einzufangen, was von oben herab-
fällt. Und alle sammeln sie mit: der Große Kohlweißling,

eine epistemologisch hochbegabte Schneckenfamilie, und,
historisch noch etwas unabgesichert, die Kandidaten
der Nationalen Front. Da kannst du nicht am Wiesenrand
stehen, wenn die anderen vor dir sich bücken, bis der Erd-

wurm in den Anus kriecht. Überhaupt, die Sausuhle bei
Crautenbach/Südhessen und ihr verkümmerter Baumbestand,
alles angeknabbert, abgefressen, apoptotisch vernarbt und
recycelt für den elektronischen Sonderverkauf gleich nach

den Tagesbefehlen, den Hochrechnungen für den Suppen-
verbrauch an den Urnenständen, den Beerdigungskosten.
Da haben wir doch etwas, das sich abhaken ließe zur Wahl,
lieber Nachbar vom Pilzstand auf der anderen Seite. Ganz

im Ernst: den besten Maronen-Röhrling finde ich bei EDE-
KA, erster Gang links. Das hat nichts mit Faulheit zu tun,
mit den Genossen vom Volksstamm hinter der Sondermüll-
halde nicht einmal selber zu pflücken (sofern ein Hartzer

nicht eben schon da war), sondern mit den zeitlichen Re-
serven, so als Abschuss-/kandidat in der Grundversorgung.
Doch wirklich wichtiger als ich ohne Unterwäsche ist,
ich wiederhole mich ungern, der Restholzbestand – und

nicht nur für die Wackelhunde aus einem Familienbetrieb
am Sausuhlenrand. (Sollten Reime auftauchen, auch im
Inneren einer Meldung mit Blitz-/zustellung: bitte weg-
hören, sicherheitshalber, weil Wohlklang in Hohlkörpern

gesundheitsschädlich ist.) Hier nur eben noch soviel: Meine
Freundin, der Baum, jetzt ein Stehpult für den Wahl-/kampf
geworden – *sie braucht euch nicht (!)*.

X
Ebenso stimmt, dass ich vom Mais nie die Frucht sah,
sondern immer nur das faule Gestrüpp. Jetzt wird
geschnitten und untergepflügt, mir ist alles entgangen,
ich kam, seit ich denken kann, zu früh. Dagegen

kann keiner etwas tun. Es ist eine Linie in meiner Hand,
die quer zur Geschichte verläuft. Phänotypisch, wenn ich
mich so umsehe und keine Verwandtschaftsverhältnisse
weit und breit finde. Die Felder sind jetzt pockennarbig

wie ein Bauer, ehe er abdankt. Der September neigt sich
hinab zu den kälteren Tagen, wie auch Geschwüre langsam
sich durcharbeiten, oder wie eine Nachricht, die niemand
gern hört. Doch es kommt so und nicht anders. Vielleicht

spricht etwas noch ein wenig dagegen, eine schreckliche
Sonne zur Unzeit, aber es ähnelt dem Spiel der Katze
mit ihrem Opfer, ehe sie zuschnappt. Was gibt es noch
zu vergessen. Vielleicht, dass Schreiben ungesund ist,

Blicke 1.11.13 I 14.11.13 I 15.11.13 I 25.11.13

eine Vergeudung der Kräfte in falscher Richtung, sinnlos,
bei Lichte der Gegenwart betrachtet. Aber eine Sucht
in dieser Dosis ist schwer therapierbar (und ich war
durchaus rege auf diesem Gebiet, zweihundert Stunden

pro Kasse mal sieben plus mehrere Tote allein schon
vom Anhören meiner Störungspotenziale). Andererseits,
die Zeit dehnt sich wie ein aufgeblähter Lumpensack,
wenn man nichts mehr mit seiner Sprache abdichtet,

alles sich selbst überlässt, wie es bergab und in die Grube
stolpert. Das war auch ein elementarer Therapiegegenstand:
das Absurde nur mit Absurditäten ersetzen zu können,
wenn es um klinische Säuberung geht, um Abkühlung primär-

fixierter Schreibneurosen. Oder so, dass es jeder und etwas
schneller versteht: Wenn der Kanalarbeiter mit seinem Loch
an einem Ende ist, kommt ein anderer und schüttet es zu.
Beide waren dann fleißig und sind für einen Ehrenpreis

standrechtlich nominiert. Und noch etwas gibt es im Aus-
schnitt der Welt, den ich jeden Tag mit ansehen muss, und
es macht mich wirklich verrückt: Frau Müller mit ihrem
goldenen Hausbuch in der blaubestickten Kitteltasche,

wenn sie jeden Tag die Tonnen durch die Gegend schiebt
wie andere den Kinderwagen und *Ich habe noch einen Koffer
in Berlin* dabei singt. Das ist beim besten Heilungswillen
nicht kompensierbar, auch wenn es notorisch vom Dreck

spricht, der uns alle betrifft. Dann lieber doch Gedichte.

XI

Nach geschätzten zweihundert *downloads*, um einmal
die Mahnpost zu *checken*, ist mein Status als intaktes
Subjekt auf dem Tiefstand. Vereinfacht und allgemein-
missverständlich: der Signifikant des Mangels im Anderen

ist nicht mehr als ein verunglücktes *update*, die reine Zeit-
vernichtungsmaschine, die dir das Netzwerkverhängnis
vor die PC-Brille schleudert. Wenn ich alle Fehlstarts
und Systemniederlagen, die mir der *Fortschritt* als Steinei

ins Nest legt, einmal gleichzeitig lese, entsteht eine Serie
des Horrors vom Feinsten. Sehr teuer, wenn man den Logen-
platz wählt. Aber ich weiß schon – man muss ja nicht tun,
was man tun muss (Sartre, *Die Wahl und die Freiheit*). Eine

vergessene Flinte am Schießstand mit einer Kugel für den
ganz großen Abschied findet sich allenthalben. Da muss man
nicht lange fragen und die anderen mit seiner Unlust belasten.
In überschaubarer Zukunft, mit Jahres-/schluss fünfzig, kommt

ohnehin das Sozialamt und fragt, wie das jetzt weitergeht mit
einem Körper ohne Gebrauchswert. Da kann Übung nichts
schaden, Mutter. – So bin ich los und meine Strecke gelaufen,
ohne Auftrag und Visum, nur um zu testen, ob ich noch lebe.

Und da war er, der letzte Glaube in Form von: *Du musst
nur positiv denken.* Fünf diäterfahrene Frauen, Gefährtinnen
eines Trachtenvereins, alle im schwierigen Alter, doch bis
zum Blitz-/tod entschlossen, hundert zu werden. Wirklich,

das sieht man sonst nur noch im Werbekanal. Die Töne der
Schläge der Stöcke aufs Pflaster des Weges (x´xx/ x´xx/ x´xx/
x´xx/ x´xx), mit Auftakt gefügt zu feierlicher Größe, wie am
Hofe der Bundesregierung, als Honecker kam (bitte *googeln*).

Die Krüppelkiefern neigten ihr güldenes Haupt, *und trunken*
von Küssen fiel eine *ins heilignüchterne Wasser*. Mehr dazu
jetzt nicht. Ein Facharzt für Frühschwangerschaften, der
vorbei-/ritt zu eben der Stunde, rettete die letzte Strophe

des Liedes, die allen in der Kehle blieb. Dann war alles
wie immer. Die Kekse auf der Theke der Tanke wurden ab-
geräumt und zurück in ihre Tüten geschüttet, das Toiletten-
licht auf Notversorgung umgestellt, und der sprachlose Knabe

vom Besitzer des Fuhrparks gegenüber der Volksbank saß
auf einem Stein, das rechte Bein gekreuzt auf dem linken,
den Kopf, als würde er denken, herabgesenkt und mit der
Hand gehalten. Er war glücklich im Spiel mit seinem Glied,

wie immer, sobald die Dunkelheit Schutz bot. Die Efdepe ist
auch abgesegelt, soviel dann so kurz / vor der Nachtruhe heute.

XII

Alles, was du verschweigst, kann gegen dich verwendet werden.
Mache dir nicht vor, nicht zur gläsernen Kuh aufzusteigen, nur
weil du ein paar Jacken im Schrank hängen hast (und
zum Schutz der körperlichen Rechte). Gib sie hin, deine

Geschlechtsmerkmale und Prothesen-/abdrücke, der Verkäufer
weiß sowieso, was du morgen benötigst. Gegenwehr ist wie ein
Druck auf die Fernbedienung, und die Sendung geht
weiter. Schön, aber nicht sehr erfolgreich. Als ich im

Internet kürzlich mich selber verfolgte, stieß ich auf meine
Beerdigungsfeier. Alle, die mich früher einmal gerne nach
Mitternacht besuchten, bis der Kirschmond in die
Spülvorrichtung fiel, haben am Fuße meines Sarges

aus Plaste & Elaste aus Schkopau gefehlt. Das war die letzte
große Niederlage meines stark ver-/rutschten Lebens. Nur ein
Kritiker vom Friedhofssender *Wussten Sie schon* stand
Kamera bei Fuß und twitterte das Grauen meiner Auf-

lösungsmatrix in die Pförtnerloge am Haupteingang. Er bekam
weiße Haare im Dienst, weil mir sicher noch immer das Gift der
Gesellschaft aus den Drüsen troff. Ach, Zeiten, als man
mich, wenn ich so dastand und nichts tat, wie unter Ver-

trag einer Zahnpastafirma stehend empfand. Aus und vorbei und
nachgespült mehrmals. Ihr wilden, ab-/gedrehten Rehe, wo wart
ihr in dieser letzten Minute? Wie viele Schwüre auf
Ewigkeit halten wir aus? Wieviel Treue im Zustand

33

der Brüchigkeit verträgt unser Herzklappenfehler? Es ist tat-
sächlich einsam, wenn man stirbt, und man erfährt es aus den
Kontaktanzeigen einer Heiratsvermittlung. Aber
so laufen die Filme in uns ab. Höre hi-/nein in deine

Wünsche, du findest sie im elektronischen Schließfach und mit
Rechnung beglaubigt. Nach diesen Bildern stand ich für nichts
zur Verfügung. Diese Wehrlosigkeit, auf *youtube* sich
selbst zu begegnen und zu erfahren, was andere wissen,

ist wie Oralsex am ausgestreckten Mittelfinger, und der
Pfarrer der kleinen Gemeinde sieht zu, was für ihn dabei ab-
fällt. Dann lieber gleich Frau Müller mit ihren Tonnen
und den warzenfreien Hang her-/auf. Es ist schon er-

staunlich, wie oft diese Abfalltöpfe gefüllt worden sind, in all
diesen Jahren, die sonst nichts mehr versprachen als eine tadel-
los gute Entsorgung. Ich verstehe, dass da etwas getan
werden musste, auch wenn es für andere aussieht, als

ziehe da einer die immer gleiche Zecke aus dem Fell seines
Lieblingshasen. – «Ach, Schatzi, glaube bitte nicht, was du
siehst!» Aber da war die Predigt schon durch und die
Erde geschlossen.

Blicke 26.11.13 I 9.12.13 I 11.12.13 I 8.1.14

XIII

Der Herbst mit seinen goldenen Tagen darf nun aber auch
nicht unterschlagen werden. Und sie freuen sich alle – die
Wachtel, der Stänker, der flinke Hamster in seinem Rad,
wenn knallgelb die Sonne auf den Kürbissen glitzert,

als wäre die Suppe schon gekocht. Trotzdem, Freunde
des Mehrwerts, acht Euro fünfzig als Mindestabgabe
für einen Einsatz auf dem Fabrikhof, damit kommt
der Besitzer nicht weg und ab in die Ferien. Diese Latte

ist noch nicht genagelt, Mutti. Der Sportverband muss
nachverhandeln, auch auf Kosten des Torwarts, der ein-
gespart würde, anderenfalls. Das sitzt. Erzählte ich schon,
dass ich im Hungerstreik lebe? Hauptsächlich nachts,

wenn die anderen nicht einschlafen können vor lauter
Schlachteplatte im Büchsenformat. Zeichen setzen (!).
Sich auf Halbmast herunter-/hungern rein solidarisch (!).
Urlaub buchen am Strand von Lampedusa, und die Idylle

spult rückwärts (Selbstzitat). Das sind so Korrekturan-
gebote, wenn das Bonusheft voll ist und du weißt noch
immer nicht, wohin vor lauter Wanderfreude. Die Millionäre
nehmen zu wie die Schlangen vor der Armenküche – wenn das

kein Erfolgsrezept ist, hat es Weihnachten niemals gegeben.
Wachstum, wohin die Prognose auch leuchtet. Wohlstand.
Für meinen Teil *Ich* bin ich durchaus gespannt, wie es
weitergeht im Führungsbunker. Mit Sellerie und Bohnen-

kraut bin ich eingerichtet, wenn es doch nicht so kümmt,
wie es kümmt und im Kalenderblatt steht mit Abriss-
markierung. Jeden Tag zweimal um die Kastanie, und ich
reiße die Sechzig. Da waren sie früher schon fertig mit

ihrer Arbeit als Bestandteil des Gesellschafts-/körpers.
Heute fängt erst einmal die Zahnbleiche an, dann gibt es
Wechselstromstöße gegen Haarausfall unten, und dann,
so ab hundert, wird durchgezählt und das erste Mal

Kasse gemacht. Zu leben, bis die Erdkruste aufreißt, ist
politisch korrekt, Bürger-/verpflichtung, Konsumenten-
schicksal, exakt und von oben besehen. Oder man geht,
diskret und für immer. Auch gut. Die Tür hinter sich zu-

gezogen, wie es sich gehört, wenn man selbst hochver-
schuldet zahlungsunfähig ist. Da beißt die Maus den Faden
ab, unwiderruflich. Tranquilizer verlangen, und dann nicht
shoppen gehen, bis das Einkaufsnetz platzt – das sind nun

aber wirklich haltlose Wirtschaftszustände, a-/soziale
Einzelaktionen im Vorfeld der Anarchie. Dann noch
die Zeitung gelesen, diesmal von rechts unten nach oben
links, bis wieder alles im Lot stand und ich einschlafen

durfte, so im Vollrausch der Utopien – (liebes Tagebuch
für die Tierwelt).

XIV

Nachtrag: EDEKA hat die Tiefkühlbrezeln, Zitat: «zurück-
gepfiffen». Wir nehmen an, sie kommen jetzt alle einzeln
zur Nachtzeit, und die Teilzeitarbeiter müssen noch mehr
bezahlen, um räumen, fegen und putzen zu dürfen. Wenn das

Goethe wüsste, denn: *edel sei der Mensch,/ hülfreich und
jut.* Nur gut (bitte auf den Binnenreim achten – siehe →
IX/10,2), dass ich, neues Wort: «Nullgarier» werde, nichts
mehr wollen, sicherheitshalber. Abgesehen davon, habe ich

erotischen Kontakt zu einer Bauernflinte im Trophäen-
winkel, der Zwölfender, der Rotfuchs, die Gänsekeule, alle
mit Gold aus-/gegossen und konserviert für die Urenkel-
kinder des Ritters Hans d. III. von Rodenstein, erstaunliche

Erscheinung, bis itzt. – «Wer reitet so spät durch Nacht
und Wind?» Ich wusste es lange nicht, überlegte, ahnte,
forschte und schlief wirklich schlecht in den Jahren. Bis
ich in der Burgruine des Herrn nach einer Wohnung suchte

und las: *und so, im Fluch gestorben, reitet er ewig über
den Wolken und ewig / alle Zeit nach der Zeit.* Klar,
dass das Kind nicht über-/leben durfte, bei Goethe. Wäre
ja noch schöner (gewesen). Die erste Legende ist immer

im Recht, dann kommen die Nachzügler, die Kopisten,
die «falsch Zeugnis reden», und dann druckt es die FAZ
(bitte nicht verwechseln mit dem *Freibürger Armen-/an-
zeiger* – eine Zehnjahresschrift hier in Crautenbach, um

die Lage der Wälder im über-/forderten (dialektal:) *Aug*
zu behalten. Sehr wichtige Chronistenarbeit mit Online-
zugang und Naturkunde-PIN.) Nachtrag 2: Alsbald und ei-
nen Tag später wird es keinen Baumbestand mehr geben,

und dann gibt es Krieg um die Verteilung der Fotos. Und das
ist nicht nur sausuhlemäßig von referentieller Signifikanz,
um es einmal fachlich zu sichern, sondern systemisch.
Wiederholung: *Denn der Baum,/ braucht euch nicht!* –

Das war die letzte Warnung für heute, meinerseits. Aber
immer noch ernster als Krebs in der Fichtenwurzel oder
die Kontaktneurose der Rötelmäuse (Tendenz steigend)
ist für mich der Anblick einer schuss-/bereiten Flinte

mit Schrotpatronen für den Eber, die auf mich wartet.
In stiller Stunde sieht sie mich an, erfahren im Umgang
mit Blut, zuverlässig wie ein Bruder im letzten Hospiz,
gepflegt wie eine Harley-Davidson, und dann sagt sie

tatsächlich: «Lass es, lass es einfach (…) so sein.»

XV
Einen Mond sehe ich gerade nur selten. Es war immer so
nett, er schon oben, und ich noch wach, nachts, kurz nach
dem letzten Rundgang von Frau Müller an meinem Fenster
vorbei. Nicht, dass wir uns viel zu erzählen gehabt hätten,

aber so ein volles Gesicht mit den Augen meiner Traum-
sekretärin, da sagt man nichts ab (oder *lässt nichts an-*

brennen vielleicht). Er lebt zu mir in Rückenlage, seit ca.
Mitte Oktober, und ich müsste heraus- und herumgehen,

suchen, und dann hätte ich am Ende vergessen, was ich
alles *nicht* sagen wollte. (Klingt wie der Blödsinn einer Ente
im Kochtopf, aber, laut *linguistics statistics*, kommunizie-
ren wir (wer?) über die Aus-/lassungen, die Leer-/stellen,

die Schatten-/texte, die Un-/schärfen, und so weiter und
eben so.) Die Erde dreht sich halt doch (!). Nur daran
kann es liegen und demnach nicht anders sein. Was Sie
ahnen, ist wahr: meine Tabletten sind alle, und mein Arzt

macht Urlaub in Wladiwostok. Da ist wenig drin im Moment,
die Aus-/fälle häufen sich, die Ab-/sacker, wie wenn wo
was passiert ist im Flugzeug und das Ding kracht her-
nieder. Darum nie ohne Schmerzmittel fliegen, sage ich,

waidwundes Reh auf drei Beinen. (Kurze Pause. Hinlegen.
Beine hoch und Nachrichten an.) – «Ich sehe Sie gar nicht.»
– «Ich sehe Sie auch nicht.» Das waren Frau Müller
und ich, zahlungsrückständig wie ein sibirischer Bauch-

ladenverkäufer von Zahnbürstenhaltern. Wirklich schwer
dort, wo mein Arzt gerade Fisch kocht. Stichwort See-
lachs: soll man hier noch in die Kühlkammer greifen? Zucht-
bedingungen wie die Strahlenbelastung der Pfifferlinge,

im Zonengebiet, kurz vor Einsturz der Wände. Ich will
gerne fruchtbarer leben, aber nicht auf Kosten der Wirbel-

losen, der Wehrlosen, der Wachtelfamilien. Ein Satz aber
hat mir dann wirklich ein Auge geöffnet: «Wir essen nur,

was die Natur uns freiwillig gibt» (oder *schenkt*, oder
lässt o. s. ä.), Deutschland-Radio Kultur, sehr früh, 14 Uhr
30 plus/minus fünf. Da war sie, die stille Revolte von unten,
der gegen-/kapitalistische Schutz-/schall, der letzte poli-

tische Schacht: Essen oder nicht essen, *Sein oder nicht
Sein*, Mensch oder Seelachs. Seitdem warte ich herzlich,

was von oben herabfällt, ohne geschüttelt zu werden –
madige Äpfel, matschige Birnen, patschige Pflaumen.

Das ist auch schon alles, was mir meinerseits zusteht.
Um es abzurunden: uns bleiben nur noch die Adjektive,
                                    und die kosten Geld.

XVI

Entschuldigung wegen gestern. Heute geht es schon besser.
Das Wasser im Odenwald ist manchmal auch nicht, was man
so spricht. Wenn an der Sausuhle Pumpenstau ist, läuft der
Feldrückstand ungefiltert in den Fernsehkanal, und da auch

hier jeder online pimpert, wirkt sich das auf den Kalkgehalt
im Waschbecken aus. Nun gut, man soll sich ein Becherchen
nehmen oder abgekochten Apfelsaft trinken. Doch wenn
einer wie ich für einen chinesischen Schreibwettbewerb

ab-/liefern muss, stündlich zehntausend Wörter mit Über-
setzung, bleibt keine Zeit für Sonderwünsche und Anstand
bei der Grundernährung. Davon unbeeinflusst: Asien rechnet
sich. Wenn dort jeder Analphabet auch nur ein Wort von mir

ab-/kauft, um sich etwas Zukunft zu sichern, kann ich mir
den Zweimaster leisten, und dann nichts wie weg / in die
Sprachlosigkeit. So am Waldrand lohnt sich ja nichts. Mehr
als ein grobgeschlachtetes *hi high here* kommt nicht her-

vor, wenn zwei Erscheinungen einander begegnen zwangs-
läufigerweise und sich vergessen gleich daraufhin. Das
reicht nicht für einen *Blog* (engl. Fachsprache). Mit Blick
auf ein Renditeerlebnis ist Schreiben in Art und Weise von

subversiver Un-/verständlichkeit (d. h. Un-/brauchbarkeit
für politische Plakatkunst) spannend wie ein Krimi, in dem
der Mörder naturgemäß der Gärtner war. Eine Neigung zum
Zwangsverhalten wäre nicht, was sie ist, würde sie kein

Zwangsverhalten sein (kluge Bemerkung). Mein Arzt
wäre stolz. Aber er angelt ja gerade. An dieser Stelle
muss einmal klargestellt werden, wer hier *Sprache*
und was hier *Subjekt* ist. Denn *Ich* bin nicht ich, der das

schreibt. Es über-/kümmt ihn, einfach gesprochen. Die
Sprache herrscht, und dann werde ich heftig und schlage
zurück. Soviel Saussure aus dem Überraschungsei heute.
Die nächste Spalte wird wieder anders. Der neue Konflikt:

Blicke 10.1.14 | 11.1.14 | 24.1.14 | 31.1.14

Eine Fliege scheißt meine Löschfunktion zu. Alles verklebt, was etwas Ordnung ins Haus bringen sollte. Aber mein Herz für Tiere gilt uneingeschränkt. Und nicht nur als Wahlversprechen an meiner Windschutzscheibe.

Auch sie sterben früh, wenn die Presse sie totschweigt. Da bleiben sich die Schicksale, von Mensch zu Mensch getragen, gleichermaßen ganz unerbittlich. Denn wahrlich, ein Lottogewinn mit Dauerrente kommt, ich sage euch,

nicht.

XVII

Die gute Nachricht zuletzt: Unsere Trauben-Eiche ist Baum des nächsten Jahres geworden. Glückwunsch vom Sägewerk! Endlich wieder Qualitätsprodukte Made im Odenwald. Der

Sarg-/deckelbau, die Wein-/Fässerstöpsel. Alles echte Wertarbeitszeit und haltbar im Logo wie sie, die Siegerin der Holz-/verkostung. *Marketing* lohnt sich, wenn die Bilanzen

den Aktienkurs *pushen,* wie Unkraut ins Gemüsefeld schießt. Doch ein Erfolgs-/missverständnis kommt selten allein. Du bietest Reste aus deinem Abfalleimer, und sie kommen alle

und stehen an vor dem schlechten Geruch im Innersten der Fehlentwicklung. So gut kann Niedergang verhandelt werden. Ein paar Ringe vom Baumstamm, und der Fest-

schmuck hängt gebrauchsbereit am – «sie war so preiswert,
Helene» – Kunstkieferast. Da muss keiner Eifersucht fühlen,
und hier im Waldrand-/versteck, wo auch der Bücherbus

mit allem von Asterix bis Obelix nur noch rasend vorbei-
fährt, ohnehin niemals nicht. Das nun sagt aber nicht,
dass nicht die Welt, Zitat eines Apfelweinhändlers: *hier*

noch heil ist. Sie ist sogar sehr *heil dir, mein Vaterland (!)*
(siehe auch VI/4,2). Die Sonne, immer von Osten nach
Crautenbach, der Mond und sein Hofstaat, von unten her-

auf und bis zur Führungsetage. Aufstieg, Karriere und Fall.
Perzeptionen, wohin er auch blickte, unser alter Freund
Leibniz. Was ich hier aufschreiben und für eine Nach-

wendewelt festhalten will, sind Endprodukte, Ganzkörper-
kulturen, in denen verschwindet, was so alleine herum-
summt. Hören wir das Husten einer Grille im Schnee?,

das Patschen der Hasenpfote im Moos-/teppichboden?
Und doch kommt es vor, im Geräusch einer Landschaft,
durch die der Betriebswirt auf dem Motorrad knattert.

(Gestern sehr lange nachgelesen von einer Verlinkung
rechts nach dem Stichwort: Möpse, und sie beißen immer
den Letzten.) Soll sagen: wir nehmen wahr und lesen es

auf dem *smartphone* des Nachbarn. Gewiss, hier gibt es
Verschwiegenheitsecken, *love-/nests*, in die kein Sende-
mast leuchtet – auch das, sage ich heute, ist unter *Fort-*

schritt zu buchen. Man muss nur öfter die Schlafseite
wechseln, die Perspektive gegen den Nachttopf eintauschen,
von unten auf die Maulwürfe leuchten. Am Ende richtet sich

alles ein und zugrunde (alte Schreibregel bitte besser bei-
behalten). Sonst will ich jetzt nichts mehr erreichen, so
kurz vor dem Abschlussgespräch mit meinem Insolvenz-

fachverkäufer.

XVIII

«Wäre ich du, ich würde gerne weg von der Sollseite kommen»,
flüsterte sie und unterbrach uns im Beischlaf kurz vor dem Ab-
flug. Daran hat sie gedacht, dachte ich, währenddessen.
Auch gut. Machen wir einmal zweite / Inventur. Links

die Erbsen, rechts alle Steine. – «Was meinst du, essen wir
morgen?» Sie weinte wie stets, wenn Glück und Zerwürfnis
sich ineinander verkeilten wie blindlings fickende
Igel, die sich nicht riechen können. «Wir sind alle die

Remittenden unserer selbst», zitierte ich von irgendwoher und
fiel in einen Schweinekoben. Auf dem Land sind die Zusammen-
hänge immer direkter, auch kausaler, wie in dieser Be-
ziehung. Sonst ist alles gleichsam modern. Keine Spuren,

die nicht auch abwaschbar wären, keine Schatten, nichts, das
darauf hinweisen könnte, dass etwas nicht stimmt. Jeder Gang
aus dem Haus findet wie auf einem Lösch-/papier statt.
Ob Crautenbach oder New York, ich kenne die Abwesen-

heit von beiden Seiten der Suchmaschine. Hier noch mit Pathos
berichtet. Das Tragische weg, und es passt in eine Streichholz-
schachtel. – «Aber was, Schatz, ist bitte das denn?» –
«Ich meine, ich habe ein Recht auf alle Trivialitäten

der Welt», sagte ich (nicht). – «Ich meine, ich habe kein Recht,
nur sinnvoll zu scheitern.» Ich hoffe, dann machten wir weiter,
was weiter oben schon Andeutung fand – mit oder ohne
männlicher Kadenz. So wichtig ist das ab 50 wiederum

auch nicht. Hauptsache (noch) überhaupt. Wenigstens etwas und
in der Sitzungspause. Der Rest ist Erinnerungsarbeit bis zum
erektilen Moment. Und damit jetzt kein Miss-/verstand
dämmert: siehe → Lacan und seine *Écrits*. Ausgabe egal.

Hauptsache klar wird die Rolle des *Phallus imaginaire* (φ = klein
Phi). Alles andere macht die Natur von allein. Jedenfalls galt das
früher einmal, laut Geburtsurkunde mütterlicherseits. –
«Sie ist verschwunden, bitte sage dazu jetzt nichts!» Sie

merken, ich habe Besuch? Eine Vertraute meines Herzklappen-
fehlers. Dann war es schlagartig dunkel, und auf die sanften
Brüste der Erde legte sich die Seide des Tages und ließ
die Farben der Liebe noch einmal prächtig erblühen,

so im zarten Rosa der letzten Saison – hier, im Modehaus
next to the cemetery.

XIX

Was spräche dagegen, nicht andernorts lieber zu sterben?
Der «warme Standortfaktor» ist doch eher lau. Die Tank-
stelle und ihre neuesten *prints*, die den Kulturhaushalt
nach vorne schieben, oder der Kirchenausgang an einem

Sonntag um zehn, das sind so die beliebtesten *crossings*
im Austausch von Zuchtvieh und «Menschen, ich hatte euch
lieb, seid wachsam» (bei Julius Fučik). Phänomenologisch
betrachtet, ist eine Harzer Käserolle, die im Supermarkt

von allein in den Korb fällt, das Klügste, was einem hier
so passiert. Bleibt noch der «harte» Standort-/charakter,
die Basis der Betriebs-/systeme, der wirtschaftliche Ur-
knall. Und? Außer einem Sägewerk-/verzeichnis und Holz-

schnitzerei für den Weihnachtsmarkt in Hongkong – *nothing*.
Jemand flüstert mir zu: «Wir dachten schon, mehr.» Leider,
ich bezeuge es, nein. Oder wir müssten bezahlen, um nichts
zu erhalten, und hätten dann etwas (und sei es auch nur

eine Rechnung). Das Nichts ist ein Wert, sobald man es
einkauft. Darauf beruht die ökonomische Woche in ihrem
Wesen – und nicht nur in Crautenbach. Aber genug mit dem
Scharfsinn, er reimt sich zu selten. Interessant wiederum

ist die Trägheit der Fliegen ab Mitte Oktober. Die Dis-
tanzen pro Flug, von links, wo das Herz weint, nach rechts,
wo der Wein stand, mehr ist nicht drin. Fett zieht abwärts,
und deshalb landen sie hart. Das Jahr war zu lang, um noch

Jungblut zu spielen, dann reift der Likör, und wo eben
die heißen Körper durch die Lüfte tobten, sitzt itzt der
Bock im Unterrock. (– «Das ist aber eine schöne Pas-
sage, würzig, vom Binnenreim her!») Kurze Pause. Frau

Müller pendelt sich vorsichtig aus, während sie auf meine
Mietschulden wartet. Es ist schon erstaunlich, wie etwas
ranzige Butter ihren Arm gleich nach hinten verbiegt.
Die Haarpracht steht stolz, aber senkrecht, die Kerze fla-

ckert, wie der Atem fleucht. Dann verfinstert sich der Tag
von oben herab – so also sprechen die Zeichen. Wenn schon
sonst nichts passiert, dann wenigstens ein Anflug von Straf-
gericht, von letzter Stunde, von Schock, dass sich die Kopf-

haut kräuselt. – «Stimmt so», und weg. Auch das gehört
zur Heimatgeschichte, zur Legende der Gartenzwerge
in Marmor gemeißelt. Ich bin wirklich gern hier, stunden-
weise, solange es hell ist. Doch wenn die Sonne hinter

der Kiefer verschwindet, die allen auf die Nerven geht,
weil sie den Parkplatz verschandelt – aber das wäre jetzt
wohl eher auch nicht mehr geeignet, so als Nachwort
                              im Touristen-/führer.

XX

Noch glüht der Oktober so rot im Geäst wie die Wangen
der Jungfrau beim Anblick eines Pferde-/ständers. Ich rücke
meinen Korbstuhl dem Weg der Sonne hinterher, so lange,
bis die Tatsachen sprechen. Ein warmer Moment ist Illusion.

Wer dem Tode schon nah ist, geht ihm entgegen. Schön war
die Liebe am ersten Tag. Jedem Anfang liegt ein Abschied
zugrunde. Etwas bleibt immer zurück, aber nicht immer
kommt etwas hinzu. Das ist die Lücke im Gewebe der Zeit,

die wir haben, ihr plötzlicher Riss, ihr leeres, unbestelltes
Feld. Vorher zählen die Farben, die umso heller erleuchten,
je dunkler es wird. Die Mine in meinem Kugelschreiber
schrieb auch am besten kurz vor dem Ende ihrer Geschichte

als Geschenk meiner Mutter. Ich habe es ihr gegenüber
niemals erwähnt. «Du schreibst mir so selten», schrieb sie
eines Tages auf einer Karte, die in den Regen kam und nur
diese Beschwerde zurückließ. Aber eine Antwort mit Blut

war mir zu teuer. Dann kamen die Schmiere der Tinte,
die Kleckse ins Heft. Auch nicht besser, als erst einmal
gar nichts zu taugen. Außer zum Schmuck vielleicht,
zum falschen Versprechen in der Jackentasche (statt blin-

kender Krawattennadel). Die Wege zwischen erstem und
letztem Gang durch die Tür sind Rätsel, verschlungen
in ihrer Weise der Güte und der Niedertracht. Und es be-
trifft ausnahmslos jeden, dass er kalt zum kalten Abfall

fällt. Rüde der Rüde, der das nicht versteht. Die Stunde der Schatten rückt näher heran, je länger wir die Lichtquelle suchen. Auch das sagt die Amsel auf ihrem Flug zum November. Da möchte man noch einmal dabei sein,

wenn Sie & Er und tausend Fragen heiß, doch ohne Antwort sind. Allein, mein Widerstand dem Unvermeidlichen entgegen ist schon gebrochen. Ich tanze gern auf dünnem Eis, nur glaube ich nicht mehr, es sei Musik, was unter

meinen Schritten splittert. Von alldem unbetroffen, taub, baut sich, in einem Winkel meines Zimmers, die Spinne ihr vornehmes Haus. Feine silberne Fäden, von Ewigkeit zu Ewigkeit gespannt, eine Festung der Luft, der Form nach

vollendet. In dieser Art Sätze wird niemand sonst finden. Auch das kann ein Grund sein, sie nicht mehr zu suchen und anzufangen, aufzuhören mit diesem und jenem und damit. Doch zweifelsfrei frei aller Zweifel – sie webt und

sie webt und sie webt, bis mir ihr Bekenntnis bekannt ist: «Ich bitte euch, Brüder: werdet wie ich.» (Paulus, 4/12)

Buch (2) – Das Buch Klara. İstanbul (I)

XXI

Und so geschah es: ich war nicht mehr allein. Klara
erbrach sich vor Glück, lief, als wäre ihr ein Abgrund
in unseren Blicken erschienen, der nach oben strebte,
aufwärts, dorthin, wo auch die Angst vor der Erfüllung

ihren grausamen Ort hat und die Ungeduld mit den Rätseln
des Lebens, sich selber, ihrem Körper, davon, als auch,
immer noch, mir, der sich nicht mehr erkannte, in diesem
Moment von der Dauer eines Jahrhunderts. O wie alles zer-

brach, was uns aufhalten sollte, wie es niederfiel, als wäre es
niemals gewesen, wie die Formen ver-/schwammen, ver-
schwanden, und so gehe ich, seit dieser Stunde, auf dem Grunde
des Meeres der Liebe dahin und. Und es lösen sich die festen

Stellen des Bodens, es versinkt, was Gewicht hat, was Ge-
schichte war, was wir erzählten. Es ist dies die Gewissheit, ohne
Gewissheit zu sein, weil es so ist, wenn ein Spiegel gegen einen
Spiegel gestellt wird und das Abbild dem Abbild begegnet.

Selbst sein heißt, übersehen zu können, dass es den anderen gibt.
Du, Liebste, ich sehe mir zu, wie ich ohne dich nicht bin.

Jemand wie ich, mit meinem Anzug und Blume im Knopfloch,
angenommen, mit meinem Gesicht, tut, was nicht mehr getan

werden muss, was keine Rolle mehr ausfüllt, was seine Ent-
behrlichkeit berührt, wie totes Laub wegzufegen, während es fällt,
beispielsweise, weil ein Sturm alles wild vor sich hertreibt,
was nirgendwohin mehr gehört, bis es dort ist, wo es für immer

verschwindet. Nur der Liebende gibt einen Grund, dieses
Verschwinden zu fürchten. Der Tod ist eine Rache des Glücks
nur dem Glücklichen, und größer ist keine Strafe auf Erden,
nein, ja, ich will. Plötzlich, und schon lag nutzloses Holz

auf der Wiese, die farbig erblühte, wo eben noch nichts war,
nur leerer, gerissener Boden, und wäre das ersehnte Meer
in der Nähe gewesen, hätte ich Schwemmgut vermutet
aus einem anderen Dasein, doch plötzlich fiel alles wie

aus alten, weit-/verwehten Wolken in seinen Ursprung
zurück. Erstens, ich wollte immer ans Meer, aber nie
ohne Schiff sein. Zweitens, ich dachte, vielleicht reicht es
für zwei, und ebenso, drittens: Was über-/laden ist, sinkt.

Dann schlug ich, wahllos und ohne Besinnung, entzwei,
was ent-/zwei von seinem Gegenstand war. Ab-/getrennte
Einzelteile, die Ringe im Stamm des geschnittenen Baumes
sind die Anzahl der verlorenen Jahre, sagt man, am Null-

punkt einer Empfindung, bis jetzt –

XXII

Zwei Fremde kamen hinzu, Holzarbeiter aus einer Fabrik,
die bezahlt werden wollten, um alles um mich herum zu
zer-/legen, auseinanderzuschrauben (und hier ist die Recht-
schreibung nach alter Regel der Form nach die Trauer, ein

gefüllter Signifikant, würde ich sagen, wäre ich unverliebt
geblieben). Aber, vielleicht gibt es auch gar keine Liebe,
sondern nur die Erzählung darüber – ein goldenes Buch,
das missverstanden wird. Und dann wäre Klara die Ant-

wort auf meine Lektüre und das Echo eines Begehrens, das
ein Begehren nach dem Fehlenden ist. – «Klara her oder hin
oder gar nicht, warte einfach noch ab mit dem Selbstmord
bis zur Ausbezahlung der Versicherungssumme für ein lange

durchgestandenes Leben.» Pause. Die Arbeiter streiken. Alle
Sägen stehen still, wenn ihr starker Arm es will. Die Frau
an meiner verstorbenen Seite hat gewiss recht (oder Recht?),
wenn es darum geht, dem Leiden einen Mehrwert ab-/zuver-

langen. Ein Akt von praktischer Wiedergutmachung dafür,
beim Todeswunsch erwischt zu werden. Frau Müller kommt
und hilft, wo sie nicht kann: – «Ruhe in Frieden, mein Frie-
derich.» Doch keiner der Männer mit Facebookerfahrung und

zwei-/tausend Frauen kam damit jetzt (irgendwie) zurecht.
– «Sollen wir noch, oder besser doch gleich die Rechnung?»
Die Gewohnheit, mit alten Möbeln zu leben, ist stark, man
weiß, wo das Scharnier klemmt, der Fuß an welcher Platte

klappert, die Sprungfeder in den Herz-/vorhof durchbricht. –
«Die Macht der Gewohnheit macht uns gewöhnlich wie Holz.»
– «Ich sage nur: du bist in einem Alter, wo.» – «Ich weiß
nichts von meinem Alter. Selbstgewissheit ist etwas für Voll-

idioten, die selbst, wenn sie lügen, noch lügen.» – «Du
musst es ja wissen.» Dann sprachen wir über Sokrates,
nur dass ich vergaß, das Gift auch zu trinken, das mir die
zwei vom Sägewerk mitgebracht hatten auf Empfehlung

meines Steuerberaters. Ach, ja. Das Leben. Und die vielen
kleinen Käferchen, die alle subjektiv werden wollen, frei
von sich selbst und stets auf der Suche nach Spuren von Ei-
weiß im Abfall. Wer das Leben nennt, ist tot. «Bezahlst

bitte du heute für mich? Ich will die Wahrheit gerade nicht
hören.» – «Komm doch endlich zur Vernunft und schicke
diese Auseinandernehmer weg, die Haushaltsauflöser, die
Schraubenverdreher. Die sprechen sowieso nur polnisch. Und

wenn du meiner Meinung zu deinem Körper noch eine Chance
geben willst, dann bitte, schweige auf deutsch.» – Das alles
machte dann und ohne Mehrwertsteuer mehr, als wäre ich gleich
und bis ans Meer weg-/gezogen.

XXIII

Ich erwachte und wartete auf das Gefühl, Gefühle zu haben.
Dafür wurde ich sofort, in falscher Sprache, bestraft, voll-
gesabbert mit dem Elend der Verfügbarkeit. Gestern Abend
noch sagte ich, nein, und heute schon lag es vor meiner Haus-

tür, Gebrauchsgegenstände für gar nichts, die leere, chrom-
verzinkte Zeit. Keiner darf wollen, nichts mehr zu wollen,
und wer nichts bestellt, wird doppelt beliefert. Es gibt kein
gutes Ende im schlechten Film. Alles gleichzeitig kochen

und den Brei dann nicht essen, der über den Topfrand
quillt, das könnte den Bauern so passen, die täglich ins
Hexehuus zur Nachtwache kommen (siehe auch IV/2,1)
und mit dem Nichts so schwer beschäftigt sind wie mit

nichts sonst in der Welt. Früh, wenn kein Hahn mehr nach
dem anderen kräht und das letzte Glas Milch (oder so) ab-
gestanden wie die Hälfte ihres Lebens ist, hängt auch die
Leere der Fülle frisch gefüllt im Tränensack übernächtigter

Augen. Angst ist immer die Angst vor einem Mangel am
Mangel, und wir leben, wie wir sterben, im Über-/fluss.
Da ist nicht mehr viel zu verschieben. Ein vollgestellter
Raum lässt Bewegung nur noch in Kreisbahnen zu. Soviel

zur Fortschrittsdramatik, zum alten Holz, das auch ich
nicht mehr loswerden konnte, obwohl gut zer-/legt und
geordnet für die Entsorgung. Ein Auftritt ist nichts gegen
die Pirouetten des Abgangs, ihr Pleonasmus. Man verbeugt

sich in Andacht, und die Hand sucht das Messer. Wir haben
von der Zuneigung der Negation nichts gelernt, von ihrem
Wesen, Abschied vom Falschen zu nehmen. Auch Klaras Briefe
wurden dunkler im Ton als am Anfang der Sprache der Liebe.

Sie meinte im Ernst, dass auch der Spaß ernst gemeint ist. Keine
Lust auf eine Lust ohne Kinderwunsch, beispielsweise. *Das
Schöne will nur zeugen im Schönen.* Lenin war es nicht, der
das sagte. Dann schrieb ich zurück: «Wir können nicht löschen,

was Gegenstände hinterlassen hat.» – «Aber was denn für Gegen-
stände, heutzutage?» Und also was, wenn Klara nur ein Algo-
rithmus meiner Träume war? Eine Botschaft aus dem nicht-
gelebten Leben? Ein Produkt? Ich schrieb, was ich dachte,

und ich dachte über die Auslöschung nach, und dass wir,
außer den Spuren der Sehnsucht, etwas hinterlassen zu haben,
nichts hinterlassen. Und als der Gedanke in der Mitte seiner
Sätze stand, dort, wo auch die Märzsonne hinscheint zur

hellsten aller Stunden, blitzte es schwarz, und ich verlor
meine Zeichen. Dennoch war, was vom Tage übrig blieb,
nicht nur entrissene Zeit, und wie sie die Spinne in ihre
Netze ver-/webt. Es war, Klara, das Ganze. Alles.

Blicke 1.2.14 | 11.2.14 | 18.2.14 | 19.2.14

XXIV

Scheiß Frühlings-/anfang der Lüge. Aber die Wahrheit
vom Winter will auch keiner hören. Und es sind wieder
dieselben Adressen, die zuerst gratulieren, weil ich heute,
vor wie vielen Jahren (?), und ohne zu wissen, wohin, meine

Mutter verließ: der ADAC, das Autohaus meiner Entscheidung,
eine Fluggesellschaft, mit der ich kürzlich aus dem Odenwald
aus-/flog, um dann doch auf keine anderen Gedanken zu kom-
men, wie ich es dachte, zu können, wenn ich nur weg bin. Nähe

braucht immer Entfernung, den Ab-/stand, um sich selbst
zu erfahren. So war auch Klara mir näher, je weiter ich fuhr,
je ferner ich war, je kleiner ihr Bild in mir wurde. Ich sah sie
klar wie noch nie, als mir klar war, sie nicht mehr zu sehen

oder sehen zu können, sobald ich es wollte. Und an meinen
Augen zogen endlich unendlich die Schiffe vorbei, von denen
ich träumte, als ich träumte vom Meer und vom letzten Haus
am letzten Tag und vom Glück einer glücklichen Stunde im

Leben. Vielleicht, es gibt keine Ziele, sondern allenfalls
Wege mit einem Ziel, und vielleicht auch ist ein Ziel das
Verhängnis. Um zu wissen, wo ich jetzt bin, müsste ich
mich selber suchen, *googeln*, die Kamera von oben bis an

den Zahn-/ersatz steuern, der auch als Sender funktioniert.
Aber es reicht schon zu sehen, was zu sehen der Ausschnitt
des Bildes, im Rahmen des Fensters, gestattet, und ich sehe
nur auf die Wege der Schiffe, kein Woher, kein Wohin, kein:

Warte nur, balde/ Ruhest du auch. – Es sind Lastenkähne,
kastenförmig, kostengünstig im Transport, ohne Anspruch
eines Leichtmatrosen auf die Krönungsmesse am Abend, aber
die sichtbare Seite, meinen Blicken zugewandt, verspricht

nichts, und schon das ist ein Ereignis. Denn auch der März
ist nur aus Metall, auf das ein paar Blümchen gemalt sind.
Ich vergebe gern falsche Zahlen auf meinen Karten für die
Visite, dann enttäuscht mich auch nicht, nicht beachtet zu

werden, Mutter. Es gratulierten meine Bank-/verbindung,
der Schatz-/meister vom Rotary-Club, das Abo einer Tages-
zeitung. Dann die Firma meines Rasierapparates mit einem
Dank für die gute Entscheidung, Frau Müller via Konto-/ein-

zugs-/ermächtigung, der Ruderverein aus dem Wald meiner
Kindheit, ein Schluck-/specht auf dem Etikett einer letzten
Flasche für heute. Und auf einem Ballon, der über den Bospo-
rus wehte wie ein Tuch aus der Tasche zum Abschied, konnte

ich lesen, blau auf blauem Grund: *Die Hoffnung stirbt immer
zuerst.*

XXV

Wenn ich abends, am blinden Wachhund vorbei, am gehör-
losen Pförtner, den Checkpoint Charlie[1] passiere, der die Ost-
seite vom Weststrand trennt, um auf ein bis zehn Raki noch
einmal passieren zu lassen, was schiefging am Tag und warum,

dann treffe ich, nur zwei Häuser weiter, auf einen weiteren
Pförtner in seiner Loge, der dem ersten eine *short message*
zuspielt, dass ich wohl jetzt gerade durch und vorüber sei.
Dann sitze ich, wie ein Fisch auf dem Trockenen liegt in Er-

wartung des Wassers, warte auf meinen Gastwirt, ein Türke
mit deutscher Wurzel, oder ein Deutscher mit türkischer Frau,
die im Hintergrund am Kochtopf steht und die Kopftücher
der Oberschicht bügelt, so genau will niemand es wissen,

und würde sehr gerne nichts tun. Doch er redet und redet
von einem Soldatenfriedhof, der auf einem Hügel gegen-
über meiner Schlafseite liegt und die in Ehren verfallenen
Gebeine seiner Vorfahren aus Tausendundeiner Nacht mit

deutscher Erde bedeckt hält, von einem Obelisken für einen
Grafen von Moltke, der sich leider noch nicht vorgestellt hat,
von einem Schlachtplan, der die moderne Kriegs-/führung
bis heute und hierher, ins Internet-Café seines halbdeutschen

Bruders, beeinflusst (trotz herber Verluste des Osmanischen
Reiches im Krieg gegen die Ägypter in Syrien und bis zum

---

1 Für Leser ab Jahrgang 1990 nicht mehr verständlich.

Ein-/fall der Mauren in Ostberlin neunundachtzig), von Feier-
stunden mit Feuerschlucker und Andachts-/gesang, und ob ich

jetzt lieber ein Käse- oder Schinkenbrot mag. Und schon gehe
ich wieder am zweiten Pförtner vorbei, der auch wieder seine
short message absetzt, und denke: eigentlich ist überall Crau-
tenbach an einem Sonntagnachmittag, und nur ein Regenwurm

am Rande der Pfütze erinnert daran, dass es Wesen, die sich
bewegen, überhaupt gibt. – «Ich möchte, dass du fühlst, was
ich fühle.» – «Im Traum starb ein Vater, und ich weiß nicht,
zu wem er gehört.» – «Erkläre mir das: *Das Wahre ist*

das Paradoxe, und deshalb müssen wir unwahr leben.» –
«Vielleicht ist die Welt ja auch einfach, und nur ich bin
ihr schwieriger Teil.» Ein Fahrzeug der Stadtreinigung
hatte mich, währenddessen, erreicht, fuhr von links an mich

heran, hielt, ließ seinen Container für Abfall neben mir
nieder und gab den Blick frei ins Innere der Geheimnis-
losigkeit aller Dinge am Ende. Und vielleicht ist die Historie,
mit oder ohne Obelisken auf einem Hügel in Konstantinopel,

wie dieses Handy, das mir tragisch aus den Händen fiel und
dorthin verschwand, wo es nie wieder zum Vorschein kommt.

XXVI

Ich gehe, denn ich möchte nicht angekommen sein, aber,
ich gehe, als würde ich bleiben, als wäre ich un-/bewegt
in dieser von Stürmen heimgesuchten, selbstverschuldet
schuldigen Zeit. Ich gehe wie ein ver-/unglücktes Tier

an seine Krippe, von der es einst aufbrach, zurück-/kommt,
denn vielleicht auch sind die Tage davor schon zu Ende ge-
gangen und wurden zu Tagen danach, wenn nur noch Reste
am Boden daran erinnern, dass es ein Fest gab und einen

Schwur, das Große im Kleinen betreffend, das Ganze in Augen-
blicken der Liebe. Ich gehe nicht. Aber ich stehe auch nicht.
Ich bin in keinem Zustand von Ruhe, weil, wenn ich nicht
gehe, kann der Gedanke des Gehens nicht mehr vorüber-/ge-

hend sein. Wir müssen weiterkommen, wir müssen, des Weiter-
kommens wegen, weiterkommen, ich werde gehen, vielleicht.
Aber vielleicht ist Klara auch schon mit dem Gegenteil meiner
Bewegung beschäftigt und nicht mehr allein mit sich und ihrer

Sehnsucht nach meiner Sehnsucht, vielleicht endet ein Ende,
wie ein Anfang in einen Anfang mündet, immer im Kreis. –
Es gibt eine Statik des Gehens, die dem Gedanken entspringt
und sich schon für die Tat hält, und es gibt diese Handlungen

selbst, die nichts von sich wissen. Ich sehe diesen Gehenden
zu, vor mir, am Fenster, es sind watschelnde Enten-/familien,
Gänse-/verbände, blinde, pickende Möwen. Was gibt es dort,
außer prall-/gefüllte Plastiktüten, noch zu erwarten? Aber,

auch die nichts haben, gehen, die Ärmsten der Armen in Gottes
Reich, Schwarzafrikaner und wie Jeschua auf blanken Füßen
über das Meer. Am schönen Strand von Lampedusa hat An-
kunft ein anderes Gesicht, leuchtend, und wie es langsam er-

lischt. Auch das ist Liebe / zur Illusion. Reichtum ist immer
der Reichtum der anderen. Doch was ich sehe, im schwarzen
Winkel zwischen Europa und Asien, auf einer Nadel-/spitze,
die zwei Kontinente miteinander verstrickt, die wenig sich

zu sagen haben, ist Gleiches im Gleichen. Nur die Schiffe
tauschen die Richtung und behalten doch ihren Weg. So also
bin ich in die Gegend der verwilderten Kinder gekommen,
dorthin, wo der vermutete Wohlstand sein Parfüm hinterlässt

und der alte Mann der jungen Frau die Turnschuhe putzt,
wo die Möwen wie die Kraniche leben und die Spatzen wie
Maden im Speck, wo das Elend im Schatten der Fülle am
tiefsten sich spiegelt, weil es begehrt, was es bedingt, wo

das Eine im Anderen endet und ununterscheidbar der Glanz
des Goldes vom Glanz in den Augen der Kinder ist, die nur
Überlebende sind, alte Männer mit gebrochenem Rückgrat,
alte Frauen mit gebrochenem Licht. Und wem, Herr, soll ich

jetzt geben?

XXVII

Ich sehe, wie ich gesehen werde, dass ich es sehe, und
niemand verbirgt mich, und nichts spricht mich frei.
Wenn du jetzt hier sein könntest, um mit mir zu teilen,
was für einen allein der Bilder zu viel sind. Elend ist Elend

nur dem Elenden, wie Blindheit kein Sehender versteht
und Stummheit keiner, der spricht. Es ist nicht wahr, dass
Wahrheit eine Sprache besitzt, die der Lüge entgeht, doch
ohne sie wäre sie nichts. Nein, ich schreibe nicht über den

ab-/getrennten Finger im Dreck, auf den ich versehentlich
trat, ich schreibe nicht, wo die Ratten Ratten verspeisen,
es wären nur Worte, die den Worten folgen. Außerdem
bin ich seit Tagen zu wenig gelaufen, herum-/gekommen,

vom Schreibtisch zum Kühlschrank, zur Dusche, zum Bett.
Es reicht, um zu wissen, was alles fehlt. Und Ärger im Stift
gab es auch. Die Salatschleudern für jeden Mieter des vor-
nehmen Hauses, Kulturschaffende allenthalben und zuhöchst

bedeutsam wie begabt, sensitiv in schönsten Tönen, sind
noch immer nicht verteilt. Die Rede geht von Sach-/konflik-
ten, Fehl-/einkäufen, Überweisungs-/verzug. Alles andere
hat sich gelichtet: der vermutete Diebstahl einer Aldi-/tüte,

der biologische Fleck auf einem Kissen (für alle), ein Aus-
fall der Black Box. Zwei starke Schlitten fahren jetzt vor,
1000 PS allein für das Kühlfach am Garderobenständer, ein
voll-/integrierter Chinese im Cockpit, der weiblich handelt

Blicke 8.3.14 I 10.3.14 I 11.3.14 I 13.3.14

und alle Badestrände auswendig kennt, *echt cool, Alter* (!).
Der Weg über Kies ist mit Blüten bestreut, die ich für ab-
gezupfte Rosen halte, und alles duftet, wo es eben noch
nicht günstig roch. Dann kommt er, stolz wie ein Schwan

vom Wörther-/see, vom Ammer-/see, vom Titelblatt einer
Hoch-/glanzbroschüre. Edel auch sie an seiner Seite, fein-
verflochtenes Haupt-/haar, alle Amts-/zeiten mit überlebt
und fünf davon jünger. Ein Schwarzer im weißen Hemd hält

ihre Hand und geleitet sie wohl. Ich lese für Klara laut
im Buch Rut: «Wohin du gehst, dahin will auch ich gehen,
und wo du bleibst, da bleibe auch ich. Dein Volk ist mein
Volk, und dein Gott ist mein Gott. Wo du stirbst, da will

auch ich sterben, und dort will ich begraben werden. Nur
der Tod soll mich und dich scheiden.» – Hätte ich jetzt
nicht zu viel Gepäck, ich würde im Augenblick gehen,
quer über den Teppich des deutsch-/deutschen Gasthofs,

links der Krim-/sekt vom russischen Staats-/gast, rechts
die Straße nach Westen, und dann in Richtung der Schiffe
weit über das Meer.

XXVIII

Diese Nacht gehört der Dunkelheit allein. Kein Licht am
anderen Ufer, das ein Zeichen sein könnte für eine Fort-
setzung der Welt, wie ich sie erträumte. Was war, war
nichts als das Werk meiner Augen. Und so erschaffe ich

dich, unvollständig. Was ich übersehe dabei, bist du, und
das wird uns helfen, einander nicht verlorenzugehen. Aber
auch ich bin nur einer deiner Gedanken, wenn du kommst,
und wenn du es willst, dass ich komme. Es sind die Flüsse

so schwarz und so mächtig in dieser Stunde. Jede Welle
treibt andere Wellen zur Seite, kein Satz, der seine Gültig-
keit erreicht. Noch niemals zuvor habe ich so entschieden
auf der Außenseite der Sprache gelebt, auf der ich dich

finden und berühren kann. Alles andere sind leere Töne.
Auch Asien ist wieder Steppe, ein fremdes, licht-/loses
Land. Ich weiß nicht, warum ich einst dachte, was ist,
sei geordnet. Ein Tag ohne Licht, und wir wissen, dass es

jenseits von Finsternis nichts gibt. Aber noch leben wir
mit künstlichem Herzen und reden vom natürlichen Tod.
Es sind Ein-/bildungen, Licht-/spiele, die in den Häusern
auf der anderen Seite des Blicks ihr letztes, blindes Ende

erleben. Wenn der Strom der Erzählungen abreißt, dann
lässt sich fühlen, wie einsam der Mensch ist, und davon
handeln fast alle Reden. Den Provokationen des Schweigens
folgt Angstschweiß, der die Gesichter der Prediger zeichnet.

Im Anfang war das Wort, und es wurde vergeben. Auch
hier, morgen, wo es eine Wahl gibt zwischen minus und null
und die Verschiebung der Uhrzeit solange verschoben wird,
bis noch der Letzte versteht, dass es keine Wahl gibt, ist

nichts außer nichts zu erwarten. Die See ist jetzt auf-/ge-
brochen und peitscht ihren Zorn gegen die Mole, ihre Ge-
schichte der Sehnsucht und der Verwerfung. Dann, an ei-
nem Strand nach der Flut, finden wir wieder, was wir nicht

brauchten. Ein Kontinent voller Abfall, der gesammelte
Fortschritt, die Flaschenpost, und wie sie zurücktreibt fluss-
abwärts. Doch trauern wir nicht, denn alles war lesbar, lag
offen wie eine Wunde ohne Verband. Auch der tiefste Grund

spült einmal nach oben, was er besitzt, und zeigt seinen
Schlamm. Sicher, auch diese Nacht weicht, und dann wird
das Kraftwerk wieder betriebsbereit sein, und es wird,
was bis eben noch schwarz war, erleuchten. Ich aber glaube

nur noch, was ich nicht sehe.

XXIX

Ich bin sehr gerne fremd und verstehe am liebsten kein Wort.
So kann, was eine Nichtigkeit ist, wesentlich werden, und was
als Lüge gemeint war, berührt seine Wahrheit in meinem Miss-
verständnis. Es genügen die ganz kleinen Gesten, denn alles,

was gesagt werden wollte und auf seine Übersetzungen wartet,
ist schon gesendet. Fisch zum Beispiel. Um ihn zu erhalten,

reicht völlig, du ziehst eine Nase mit deinen zwei Fingern
von deiner Nase. Oder Geld. Die Rechnung, bitte und danke.

Das reibende Gleiten des rechten Daumens vom Mittel- über
den Zeigefinger ins Leere deiner Hosentasche, was sonst wäre
wichtig? Die Belange im unteren Bereich, über die man nicht
gerne redet – mit einer kurzen Bewegung, ein-/eindeutig, sind

sie gesagt. Der hoch-/gestreckte Mittelfinger, eine Haupt-
figur der menschlichen Rede, vorzüglich phallisch, was,
ohne ihn, wären wir wohl? Es ist ein Geschenk, ihn zu haben,
an beiden Händen (!). Mit ihm lässt sich fast alles regeln,

was einem auf der Seele herumliegt, und wenn es sein muss,
reicht ein Druck auf die Zunge, und auch der Magen ist leer.
Also, wir brauchen primär / nicht mehr als ein Glied. Das
sollte beruhigen, gerade im Ausland, wo wie türkisch rück-

wärts klingt, was irgendwer zum Raki singt. (Die Reimver-
knüpfung bitte auswerten, be-/deuten, und nur von Leuten
vom Fach.) Ach, diese Fehler bei der Berufswahl und Sorgen
am Morgen. Für euch, Freunde der Germanistik, schreibe ich

fort und treibe mit ab, dem sozialen Tief-/stand entgegen.
Kümmern wir uns nicht, dass nichts von Haltbarkeit ist im
Anschein aller Flüchtigkeiten. Das heißt doch auch: es gibt
nichts zu verlieren. Außer vielleicht unsere Besitzlosigkeit

an der Zeit, die uns gegeben wurde auf Erden. Gegeben, von
wem und wozu? Zehn Mal am Tage die Frage, ob man ein

neues, geiles Produkt prüft, und das Leben hat sich, um die
Dauer der Antwort, verkürzt. Hochgerechnet ist man, zum

Probanden der Fabrikanten geworden, schon tot, während
man testet, weil der letzte Subjektrest abgestellt wurde (und
dann nicht mehr erscheint). Bleibt nur, eine hohe Rendite,
und man kauft sich, was fortwährend gestohlen wird, zurück:

Uhren. Gewiss, morgen war auch noch ein Tag, aber dennoch.
Was man nicht hat, hat man. Rechne nur einmal durch, wie
viele verlorene Tage ein Jahr zählt – und? Geht man so um
mit dem eigenen Haustier? Und übrigens, heute, an einem 1.

April, Jahrgang egal, ist alles, was *auf dem Kopf geht* wie bei
Büchner der Lenz, die reine und nichts als die Wahrheit. Also,
besser keine falschen Verträge an so einem Tag. Es sei denn,
man hält sie auch ein.

XXX

RTL II meint: Nach unten ist immer noch Luft. Das tröstet
die Trostlosen. Der Vergleich aber hinkt. Völlig. Denn 1.)
strebt der Strebsame immer nach oben, und 2.) ist erstens
kein Grund für solche Vergleiche. Erst einmal noch einen

Raki. Das Wort häuft sich. Es muss an der Gegend liegen.
Prost. Sobald der Mond in den Bosporus fällt, der blinde
Hund von der Nachtwache bellt, das Sternenzelt die See er-
hellt, weiter komme ich jetzt nicht. Noch einen. Denn jeder

ist sich selbst der Fernste. Ich weiß wirklich nicht, wo oben
oben und wann unten unten ist. Darum schaue ich Serie,
manchmal / sehr oft. Es fasziniert immer wieder, wie die
Schweine von alleine zum Schlachtgeschäft laufen und ihre

eigenen Schnitzel bestellen. Früh übt sich, wer gut im Fleisch
werden will und glücklich im Abgang. Und wer unterwegs ist
ohne Optimierungsprogramm, muss sein Vergnügen versteuern.
Sonst kommen sie alle und behaupten, sie fänden am Ende noch

ihr Subjekt zwischen den Sonder-/müllresten. Doch es gibt
keinen Ausgang aus der selbst-/verschuldeten Mündigkeit.
Außer eben, man gräbt ihn sich selber. – «Warum nur, prost,
kann keiner mehr weg sein?» – «Weil niemand mehr ist, wo er

ist.» – «Das aber sähe, wer jetzt im kalten Nachthäuschen
Dienst schiebt, naturgemäß anders.» – «Falsch wäre, basta,
es dennoch.» Wir stritten. Sie ging, und ich trank (meinen
Fencheltee) weiter. Erklärung dazu: «Sie» ist eine Stimme

von meinem Handy. Eben geordert, herunter-/verhandelt,
ge-/*downloaded*, als *App up* und noch zum Geburtstag im
Sondertarif. Das Buch zum Film ist gerade abgedreht und
vom Stapel gelaufen. Ich sehe es, als heiße Ware verfrachtet

in Richtung Hongkong und schon unterwegs. Wenn der krude,
kranke Kutter nicht sinkt, und nichts stinkt zum Himmel und
spräche dafür, wird auch sein Inhalt pünktlich gelöscht. Im
Grunde dasselbe wie: «Ich lese gar nichts, Mutter.» Hin und

wieder ein wenig Blanchot, die Vorabzugssteuer-/(v)erklärung,
und dann bin ich reif für RTL *super* (und gerne auch einmal
als Überraschungsgast im Kochkurs bei Markus Schwanz[2]).
– «Darüber kann ich heute nicht lachen.» – «Lachen, wo ihm

zum Heulen ist?» Und noch eine Nachricht vom Heimatflug-
hafen: Ein Hoch-/geehrter fällt gerade tief. Eben noch Frei-
bier, und jetzt kommt die Rechnung. Wenn Sie mich fragen,
normal. Das Mittelmaß erträgt nur das Mittelmaß (mäßig).

Und was zu hoch mit seiner Blüte hängt, fällt in die Hände
des Schnitters.

XXXI
Wenn das Glück mir erscheint, bin ich verloren, und was ich
war, wäre unwahr geworden in meiner Schrift. So sprach
die Stille einer Stunde, in der leere Lastkähne die Nebel-
wand kreuzten, die über dem Bosporus lag wie ein Irrtum

über den Sätzen. Aber vielleicht lagert die Fracht auch nur
tief und ist dem Auge nicht sichtbar. Ich habe nie verstanden,
dass Sehnsucht ein Ende haben und ein Schiff in seinen Hafen
einlaufen kann. Ankunft war immer die Ankunft der anderen

für mich. Jetzt bin ich bedroht von dem Gegenteil meiner
Gewissheit, bedrängt vom Schönsten, das namenlos bleibt
bis zum letzten meiner Tage, so hoffe ich, könnte es sein,
heimgesucht vom Unerwarteten. Möge, nur dafür, die Sprache

---

2 Der Name ist korrekt, und ich habe weder etwas erfunden oder weggelassen oder
beschönigt oder verzerrt, was ohne meine Vorarbeit überhaupt nirgends stünde.

Blicke 26.3.14 I 27.3.14 I 1.4.14 I 2.4.14

versagen. Einmal kein Wort für etwas – das wäre alles,
mein Herz. Unsere Briefe, sie erreichen uns noch, wie auch
eine Flaschenpost kommt, auf ewig zu spät für die Botschaft
im rechten Moment. Doch gleich einer Uhr, die stehen-/ge-

blieben ist und zweimal täglich die richtige Zeit zeigt, wird
kenntlich die Verborgenheit der Zeichen. Das Wesen im Wesen
offenbart sich niemals sofort. Es ist, wenn wir kommen, schon
da, und wenn wir es lesen, ist es ein anderes. Vielleicht auch

ist jeder das selbst, was er, am falschen Ort, sucht. Der
Muezzin singt die ganze Klage in einem Gesang. Nichts
davon kann mich berühren, nur diese Pünktlichkeit, so wie
auch der Glockenschlag von einem Kirchturm erklingt, erinnert

an Deutschland. Ich vermisse nichts, nur das Gefühl, nichts
zu vermissen. Wo meine Bücher sind, ist meine Heimat. Wäre
ich jetzt in Paris (vor einhundert Jahren vor dem Jahre meiner
Geburt), würde ich Heine besuchen, um auf die Frage von G.,

woran arbeiten Sie gerade, zu sagen wie er: «An einem Faust.»
Doch nun, mein Spiegelland ist abgebrannt, «und ich bin, was
sich spiegelt in deinen Augen». Schade, dass es keine Brief-
marken gibt in diesem Land, oder eben nur selten und streng

limitiert (wie die Banane im Obstkorb meiner Kinder- und
Jugend- und *underground*-Jahre im Sperrgebiet jenseits der
Welt, und ich immer, sobald ein Facharzt mich ansah, im
Verdacht auf Skorbut). – «Aber, wir haben das durch, diese

Sache, dass Briefe keine Form der ungeformten Zeit mehr
sind und die Frage immer erst liefern, wenn die Antwort
schon bei dir auf deinem Schreibtisch liegt.» Briefmarken,
Umschläge, eine Hand ohne Verhältnis zum Schrift-/bild,

was soll da noch, im Osmanischen Großreich, ein Postamt?
Vielleicht, ein Tor fällt, dreht sich die geschundene Erde
tatsächlich nur noch um einen geschundenen – nur noch (!),
                    nur noch (!) – Fußball.

XXXII

Wieder und wieder fallen die Steine zurück auf den Weg.
Manchmal bin ich es auch selbst, der sie wieder anschafft,
nachdem ein Mann mit meinem Gesicht sie weggeräumt hatte.
Was schwer ist, bleibt schwer. Gehen, zum Beispiel, wenn der

Boden heißer Asphalt ist, und die Sonne steht hoch, und die
Füße sind nackt, und die Straße ist leer, und das Ende ist fern.
Lieber ein Haus ohne Dach als eine Liebe, die nirgendwo an-
kommt (sagt eine Stimme, die lügt). Ich wüsste gern, wer ich

war, ehe ich wurde, wie ich wurde durch dich. Alles ist anders,
wenn sich etwas verändert, und nichts macht diesen Satz
einfach. Wenn ein Licht in der Dunkelheit scheint, dann hat
der Ort ein neues Geheimnis. Vielleicht ist es gut, dass alles

uns bleibt, was sich einmal hervorbringt. Oder es ist eine Strafe
für die Schuldigkeit, zu sein. Denn was wir vergessen, wird nicht
vergessen, und was sich in den Weg stellt, steht immer im Weg.
Denn wieder und wieder fallen die Steine zurück. Und was

schwer ist, bleibt schwer, und was ist, ist auf Dauer auch im Verschwinden. Dann kommt uns die Nacht. Und dann ist auch das Nichts ohne Bedeutung. «Das große Beben, auf das alle sich freuten, die auf das Leben keine Lust mehr haben, blieb aus.» –

«Sei nicht so ungeduldig.» – «Ich meine ja nur, es ist besser, wenn du so lange wartest, bis es dich nicht mehr interessiert.» – «Sag, was dir fehlt. Und bitte, offen.» – «Ich bräuchte Spurenelemente mit β-/Karotinoiden. Die Genorte meiner Augen auf

den Chromosomen 1q32 und 10q26 sind im Arsch.» – «Geht gleich per Flaschenpost ab.» Das war mein Geschlechtsverkehr für diese Woche. Dann lief ich gegen eine türkische Tür, deren Scheibe so schlecht geputzt war, dass ich glaubte, ich hätte nur

meine Brille vergessen, und hart auf meinen Irrtum stieß. Alle lachten, während ich stürzte und die Beule sich zeigte wie der Bauch einer schwangeren Jungfrau (komischer Vergleich, aber was da ist, ist da). Schadenfreude ist das größte Vergnügen für

übrigens alle, deren Fernseher gerade kaputt ist. Warum darf man keine Steuern einfordern, wenn das schiefe Schicksal, das einem selber gehört, für andere schön ist wie eine Komödie mit Walther Matthau? Mein Gastwirt am Hafen, der mich täg-

lich zur Spätschicht mit Raki vom Holzfass in die Finanzkrise schleudert, hat gerade dazu noch überhaupt nichts gelesen. Das ist der Nachteil, wenn man zu lange in proletarischen Kreisen ver-/kehrt. – «Ich dir suchen gute türkische Frau, die auch prima

kann nichts tun und für dein Leben zu Ende sehr schön wird.»
Und dann schloss er den Daumen mit einem Finger zum Loch,
so als müsste ich da jetzt nur noch hindurch wie ein Eisbär
durch den brennenden Reifen / meiner Kontoauszüge.

XXXIII

Der Traum von einem osmanischen Holzhaus am Meer, dort,
wo es der Form nach dein Mund ist, ist gerade ab-/gestürzt wie
mein Steuerbescheid zur Rakete gefaltet vom Himmel über dem
Bankautomaten. Hier endet meistens der Tag, und nicht selten

schon in der Frühe. Aber es wäre auch wirklich zu schön, um
dann nicht unwahr zu enden. Vielleicht also stimmt, dass wir
begehren, was gerade nicht ist. Denn wenn etwas nicht fehlt,
fehlt auch der Liebe ein Ort, an dem sie gedacht werden kann.

So ist meine Angst, dass du gibst, was mir nicht gehört. Ein
Kriegsschiff, Zeuge des anderen Lebens, durchkreuzt in dieser
Sekunde, in der ich versuche, an dich nicht mehr zu denken, den
Farbkreis des Regenbogens, der jetzt auf das Wasser herabsinkt

wie die Sonne hinter den Hügeln der Stadt. Der Schnittpunkt
dieser kurzen Bewegung ist das Bild zu den Worten, als du
sagtest, ich will. Denn wir sind uns im Gegensatz gleich, im
Zweifel vereint, im Anderen ähnlich. Es gibt keine Nähe, die

keine Ferne in sich selber kennt. Und auch das Schiff ist ver-
schwunden und der Regenbogen und die Begegnung von Liebe
und Krieg. Das Licht an dieser Stelle ist ein anderes Licht, das
schon der Mond hinter einem Vorhang aus Wolken geschickt

hat, um von sich selber zu sprechen. Du hast mir die Nachricht gesendet, keine Nachricht zu mögen. Und ich wollte schreiben, ich habe dir heute nichts mehr zu sagen, außer dass mich alles daran erinnert, allein wie einer der Hunde zu leben, die wild

am Straßenrand liegen und warten, bis es soweit ist. Noch nie haben mich so viele traurige Tiere begleitet wie hier, und noch nirgends haben sie auch nichts mehr erwartet. Nur einer – er saß in Nähe des Hafens, an dem ich allabendlich sitze, um Geld los-

zuwerden, weil es so schwer von der Hose aus nach unten zieht, ein Ohr zur Hälfte abgebissen, ein Auge leer wie eine Muschel, die nur noch aus schwarzer Schale besteht, geprügelt geschätzte einhundert Jahre – rebellierte wie keiner, sprang auf und bellte

und zeigte sein faules Gebiss, sobald ein Polizeiauto mit Licht-signal vorüberfuhr. Dann schlief er wieder oder knurrte nur matt vor sich hin. Aber sobald die Staatsmacht in Geruchsweite war, kam er mit allen Kräften aus der Reserve und zeigte, wo Revo-

lutionen ihren Anfang nehmen: am Ende der Hoffnung. O ich suche ihn vergeblich seit langem. Aber niemand hat seine Spur je verfolgt oder könnte mir sagen, in welchem Kampfgebiet sein Zorn zu einem Schicksal wurde. Ich möchte nicht missen, was

nein sagt und handelt. Ich möchte werden wie einer der Hunde, die nichts mehr zu verlieren haben und nur deshalb über-/leben.

XXXIV

Keiner ist mehr weg, wenn er weg ist. Aber dort, wo er seine
Leib-/fülle absetzt, ist er auch nur geduldet, um einen falschen
Anschein zu geben. Seine Augen leuchten nicht un-/verliebt,
aber er muss es ihr twittern, dass er scharf auf einen Zungenkuss

ist, während sie neben ihm sitzt und auf ihrem Smartphone die
neue Nachricht erwartet. Er, etwas älter als ich bei meiner ersten
Nietzsche-/Lektüre, die Beine abwechselnd im Rhythmus einer
Zwangs-/wiederholung wippend wie eine Federmechanik im

Schweizer Uhrwerk, irre flackernder Blick, aber *cool*, wenn die
Sendungen rauschen und die Abwesenheiten niemand bemerkt.
Und die anderen kommen, mit ihrem Seemannsgepäck, im un-
teren Deck einer brüchigen Barke, um den Platz zu besetzen, der

schon gefüllt ist mit simulierter Präsenz. Denn keiner ist da,
wenn er da ist, weil er nicht weg ist, wenn er weg ist. Jeden Tag
einen Gruß vom Finanzamt, da kommt Freude am Meer-/blick
gar nicht erst auf. Ich schickte meiner Ordnungsbehörde, die

schon davon ausging, dass ich nur noch vergeblich gesucht
werden würde, wäre ich wichtig, eine Ansichtskarte mit Stempel
vom Orts-/bürgermeister. Seitdem schlafe ich zwölf Stunden
besser. Über die zehntausend Freunde eines Freundes hat mein

Freund über einen Bekannten bei *Gesichts-/buch* erfahren,
dass sich in Crautenbach/Südhessen, wo ich ein kleines Zimmer
des Überlebens (immerhin) besaß, ein Toilettenputzer der regio-
nalen Volksnachrichten breitgemacht und alle Gartenzwerge, die

er beim Tonscheibenscheißen einmal gewann, der Reihe nach gegen mich ins Feld gestellt hat. Frau Müller, einsam zwischen zwei Mülltonnen-/gängen, war schwach geworden im Anblick der zehn blauen Scheine, die naturgemäß Fälschungen waren.

Ein Putzdienst vom Heimatjournal verdient nicht mehr als sein Frühstück, also wo, bitte, soll sich da Mehrwert ergeben, der im Odenwald auch noch verzehrt werden kann? Aber so ist es: Einmal nicht pünktlich den Sack vor die Tür geschoben, und schon

bist du ausgebucht beim Sozialamt deines Vertrauens. Wenn das keine antiziperte Nachträglichkeit ist, heiße ich wie meine Wirtin in Crautenbach. Erste Aporie: Keiner ist, wo er ist, aber jeder soll sein, wo er war. Zweite Aporie: Der Platz, der dir zu-

steht, wird sofort besetzt, sobald dein Briefkasten un-/geleert bleibt. Dritte Aporie: Du wirst, was der Andere will, dass du es bist – aber der Andere ist nichts als ein Arsch (Beispiel vorhanden). «Ach, verehrte Frau Müller, wie dumm das endet.»

Also wohin, wenn der Bosporus schließt? Vielleicht in die andere Richtung, aus der alle kommen, die noch nicht wissen, dass es nicht gibt, was gesucht wird.

Blicke 9.4.14 I 16.4.14 I 21.5.14 I 30.5.14

XXXV

Die Lage ist ernster, als niemals gedacht. Der Mann mit den
Gartenzwergen vor meinem Schreibtisch im Odenwald von
Aldi-/Süd ist tatsächlich frech aufgetreten und schickt jetzt
alle Abkömmlinge und gespaltenen Familien-/mitglieder mir

auf den Parkplatz. Ich sei ja in der Ferne als tot zu vermuten,
nur, weil, ich fasse es nicht (und wenn, nur von unten). Frau
Müller riecht Geld und schießt in den Rücken. Diese Zwerg-
attrappen, Dubletten-/wesen, Keimlinge aus einem Internet-

kaufhaus, sie alle sind doch nur Porzellan, zart wie Kinder-
ärsche und freundlich wie ein Finanzamtsleiter kurz vor der
Frühpensionierung. – «Freundlich, Frau Müller, das gibt es
bei Karstadt für einszweiundfünfzig.» – «Wir aber sind Fach-

geschäftskunden», und aus. Geld stinkt also doch. Wer es hat,
kauft sich das Eigentum dessen, der es vermisst. Wer kann,
schreibe an Gott. Ob er es liest, wissen die Götter. Aber hier
geht es um Garten-/zwerge, Wichtel-/männer, Spitzel für eine

Zeitung. – «Frau Müller, was richten Sie an für einen Schaden,
der nicht abwaschbar ist!» Wir stritten uns schreiend, bis mein
Telefonkabel glühte und eine Stimme aus dem Jenseits sprach:
Vergib den Schuldigen nicht ihre Schuld, denn sie wissen, was

sie nicht tun. Interessanter endet kein noch so spannendes Buch.
Ich lerne, 1.) Niemals einen Toiletten-/arbeiter im Zeitungs-
betrieb, der dich ausfragt, um im Kreuzworträtsel ein leeres
Feld auszufüllen, über die Haus-/schwelle lassen. 2.) Immer

eine Puppe in stahlblauem Anzug ans Bürofenster stellen, wenn
man für mehr als drei Stunden auf seine Heimat verzichtet. 3.)
Immer 1.) beachten und 2.) befolgen (oder). Ich verschiebe in
den Zwischen-/speicher: Es geht um eine Zecke im Haarteil; um

eine Filzlaus im Sparbuch; um Fußpilz; um mich. Ich soll doch
bitte in ein Säure-/bad steigen in meiner eigenen Wohnung. –
«Steht, Achmed, dein Gebot mit gute türkische Frau für zu Ende
noch auf der Speisekarte?» – «Heiet[3]!» – «Danke, Freund.» So

sind sie, die Absagen kurz vor der Vor-/weihnachtszeit. Jeder ist
sich selbst unheimlich, setzt auf die immer falsche Karte und
rächt sich am Nachbarn, und wer keinen hat, köpft eine Linde.
Ein bisschen deutscher Wald täte jetzt wohl wohl. Die Park-/an-

lage meiner Staatsmacht im Ausland ist herrlich voller Birke,
Borke, Schachtelhalme. Soldaten-/ameisen marschieren auf
allenthalben. Die Toten singen sich heim in ihr Reich. Wer die
Verse nicht kennt, bleibt einfach liegen. Ich wuchs ohne Hymne

mit Text auf. Das ist mein Vorteil bis heute.

---

3 «Nö!»

XXXVI

Psychologische Gastarbeiter haben herausgefunden: Wut
muss raus aus dem Magen. In Halle an der Saale in einer Halle
bei Saalfeld kann jetzt zerschlagen werden, was andernfalls
angeschafft wird im Steiße ihres Angesichts aller vorsteuer-

abzugsberechtigten Proletarier aller Ränder, verewigt euch:
Personal-/computer. Eine Schreibtischvoll-/ausstattung.
Lampen, Lumpen, Tafelwände. Goldfischbecken mit
Plastikattrappen. Für neunundachtzig-/ neunundneunzig

ist jeder, der aufschäumt und hochkocht und gleich kollabiert,
schon dabei. Und nur auf einem Sandsack zu hüpfen, meint ein
geheiltes Subjekt nach einem An-/fall von Volkszorn, sei ein-
fach zu irrelevant, zu unbedeutend, zu (sagt er weiter zu sich

selbst): *arbiträr*. Ein schönes deutsches Fachwort, eher unge-
bräuchlich, so dann der «Fernsehkoch rät ab» am Anfang zur
nächsten Sendung. Affekttheoretisch ist das ein Versuch im-
merhin, die Revolution, die vom Loch im Socken auf-/steigen

müsste ganz voller Triebkraft, u. U. doch noch zu stopfen. Wer
es besser weiß, der bitte sch(l)ieße hinter sich ab. Ich muss jetzt
etwas kaufen, sonst läuft mir die Galle ins Hirn, und mein Arm-
band von Madame Neelie Kroes, auf dem Flohmarkt bei einem

Mongolen arabischer Her(r)-/kunft geklaut, meldet landunter.
Das wäre dann schade um meine Freizeit. Eine frische, sehr
stolze Ratte, hübsch wie meine erste Freundin, mit der ich
gemeinsam vom letzten Geschlechtsverkehr träumte, kommt

näher und näher und blickt mich an, als würde sie denken, ich
denke. Aber leider, sie irrt, wenn sie denkt, was ich denke, dass
sie es denkt. Ich verschiebe nur ein paar lästige Signifikanten.
Mehr Widerstand, und der Krieg wäre sichtbar. Mit den Füßen

im Fluss, am Fuße des Bosporus, hier, wo der Mond zersplittert
am anderen Ufer versinkt, schwarze Schiffe durch die Dunkel-
heit der Stunden treiben und nichts und wirklich nichts identisch
mit sich selber ist, also was, Vater, willst du mir sagen? Dass

wir uns selber ein Geheimnis bleiben, ist kein Geheimnis. Die
Ratte nagt an meinem Abfall. Ich verschenke zuviel. O Herz,
ich flehe, so nimm doch, nimm mich mit auf deine un-/be-
kannte Reise! Jedes Schiff ist ein Gleichnis für nichts. Es

kommt, es geht, es wird, es war, die Liebe. Was bleibt, ist
die Idee der Idee. Dann gleiten alte, verrostete Kähne vor-
bei, ausrangiert und abgeschrieben, ein Wunderwerk, dass
sie noch leben. Ich meine, du bist so fern, und ich warte auf

meine Sehnsucht, meine Sehnsucht zu spüren. Das, was aus
Eisen gemacht ist wie der technische Mensch, metaphysiklos,
sinkt immer / sofort.

XXXVII

Für mich selbst überraschend, bin ich von allen mir ab-
verlangten Funktionen zurückgetreten. Es war nur ein
winziger Schritt in die andere Richtung, über Grenz-
zaun und Mahnpost hinweg. Zwischenabrechnung, Aus-

wärtiges Amt, GK Ístanbul, Meldenummer 15-3-1956 beim
Finanzamt 07, Odenwald/Hessen, Ortszeit 0.00 Uhr: keine
weiteren Vorkommnisse. Ich vermisse den Mais in seiner
Heimat, den Holzwurm, die deutsche Staubschicht auf der

Meldung des Tages. Vor einem Jahr in dieser Stunde rauschte
die Linde über mir (hin), griff der Wind mir in die Perücke,
fiel eine Volkspartei aus ihrer Kunststoff-/verfassung. Es war
Zwangswahl, Notzucht, Züchtigung der Hoffnungslosen. Ach,

Liebste, sorge dich nicht, ich habe deinen Namen gespeichert.
Nichts geht nirgendwo verloren. Ich werde weiterhin lügen, bis
mir die Wahrheit erscheint. Wir dürfen nicht suchen, was wir
finden wollen. Ich habe Ehrgeiz nur noch beim Bäcker. Zu

verstehen gibt es daran nichts. Zum Beispiel, oder anders: «Was
wolltest du mir heute noch sagen?» Aber er schläft schon, mein
mir ans Herz gefallener Hund. Auch er ohne Nachricht vom
verlorenen Land. Keiner verpasst an keinem Ort etwas. Ich bin

nicht verzweifelt, sondern tot (in An-/betracht der Niederlagen).
Was war das für ein Kuss, damals, als ich noch glaubte, er wäre
ein Name in meinem Leben? Nur du kannst mir über mich
nichts Neues berichten. Ich habe aufgehört, mir selbst in die

Augen zu blicken und dann dich zu erkennen. Meine Sehnsucht nach dem Zustand der Maisfelder wächst. Die Uhr / der Natur. Ein kleines Holzhaus am Rande meiner Sehnsucht nach dem, was nicht vorkommt, würde mir reichen, um weiter zu ficken, in

desolater Verfassung, den Kürbis. O Ophelia, verzeih mir, er war wohl betrunken. Eine Antwort von meiner Ordnungsbehörde kam wie erwartet sofort. Ich fragte: «Genossen, liegt ein Verfahren gegen mich vor? Soll ich kommen mit rasiertem

Schädel und Versicherungsausweis?» – «Wir haben gegen Sie gerade gar nichts auf dem hochgestreckten Mittelfinger», war die Antwort, die mich verwirrte und daran zweifeln ließ, noch immer subversiv und kritisch beständig daneben zu machen.

Jetzt war die Stunde der Hunde gekommen. Morgen ist, was heute gewesen sein wird. Die Nacht verspricht nichts. Die Schiffe sind unbedeutend. Kein Licht scheint auf etwas. Was schlafen kann, liegt auf der Straße. Jeder glaubt, noch nicht

zum Leergut eines Sammlers zu zählen. Entschieden habe ich mich dennoch. Für einen schwarzen Lamborghini mit weißen Sitzen aus Leder. Jetzt fehlt nur noch die Wand, auf die dann auch wirklich, wirklich Verlass ist.

XXXVIII

Die Zeit ist zu lang, um gar nichts zu tun, und zu kurz,
um Lust auf eine Serie zu haben. Am besten, man schläft
einfach durch. Hoffnung ist auch zu erwerben. Doch nur
für den, der sie nicht hat. Es gibt Sekunden, die machen

mich happy. Dann ist es wie immer – hell rauscht das Nichts
in der Tanne (hier ist es die Tonne). Die Tage kommen und
gehen, einfach so, wie eine Strafanzeige, weil man zu wenig
gekauft hat. Es besorgt mich, noch immer Gefühle zu haben.

Lästig. Und nicht effizient. Kommen wir auf die Lobotomie
zurück, diese gute alte Dampfmaschine unter den Möglich-
keiten der Gehirnchirurgie. Kostet fast nichts, und dann ist
Ruhe im Karton / unter der Mütze. Der Neo-/neo-/neo-/Libe-

ralismus, Sie wissen schon, die schnellste Spermie setzt sich
ein Denkmal. Mich beispielsweise. Aber das war sicher
ein Irrtum. Mutantenschicksal. Denn nicht alles ist kausal
und logisch miteinander verkocht. Obwohl. Von den Pantoffel-

tierchen kann man lernen, sich aus dem Wege zu gehen, ohne
anzustoßen. Unglaublich. Millionen schwierige Wesen, und
keines stört seinen Nachbarn. Je größer der Körper, desto
schlimmer der Unfall. Sollte man wissen. Denn «das Schwierige

ist, jemanden zu finden, der einem nicht in allen Lebenslagen
auf die Nerven fällt»[4]. Übrigens schreibe ich vorüber-/gehend

---

4 Gustave Flaubert, «Brief an die Mutter», Patras, 9. Februar 1851.

Blicke 2.8.14 I 3.8.14 I 4.8.14 I 5.8.14

Prosa. Sparzwang. Empfehlung vom Stadtkämmerer. Mit der
Hauspost ins elektronische Postfach gefächert und gut. Wer

weiß, wo das Rathaus gerade abstinkt. Nun ja. Wer Blut hat,
muss bluten. Wusste Dracula schon. Und Zeit, um auch das
noch zu sagen, ist nun mal käuflich. Stichwort: Lyrik. *You
understand me?* Mein Sprachprogramm klemmt. Entschuldi-

gung dafür. Auch die Formatierung, obwohl noch immer auf
Versbau gesetzt, ist nicht weiter anzuzweifeln. Der 28. August,
also heute, ist auch schon bezahlt. Also, im Grunde und bei aller
Aussichtslosigkeit, im Ganzen betrachtet, nicht schlecht für die

Augen. Für jeden Wochentag drei neue Brillen – das sollte
reichen. Lese sowieso nur, was ich am Vorabend dachte. Da
weiß man, was man alles nicht hat. Auch Objekt klein a ge-
nannt. Hatten wir das schon? Bin gespannt, wer sich jetzt

meldet und mir freundlichst Bescheid gibt. Die Optik, auf etwas,
sehr kompliziert. Vielleicht gar keine Sicht auf die Wahrheit.
Nur so ein Schleier im Blick. Wie Nebel über der Wasserkante,
den andere herrlich finden, solange sie im ersten, feuchten Kuss

versunken sind. Dann wird auch das wieder anders.

XXXIX

Der Abend beugt sich über den Flusslauf wie der Nachrichten-
sprecher über die letzte Meldung des Tages. Er ist immer nur in
Steigerung der schlimmsten Vermutung verständlich, gleich der
Gewissheit, dass im Herzen der Schiffe die Verstoßenen wohnen,

die Toten von morgen. Wenn Krieg Abwesenheit von Sprache
bedeutet, dann ist die schöne Welt stumm. Es gibt keine ver-
bindliche Gegend, nur Wanderschaft, denn wir sind alle, was
wir befürchten: Zigeuner vom Unterdeck. Wenn ich mich mit

Hoffnungen betrinken könnte, wäre ich dauerhaft blau. Wie
der Erfinder des Raki, der hundert besoffene Jahre alt wurde.
Hundert-/siebenundzwanzig, las ich, ist der derzeit älteste
Mensch, eine Frau naturgemäß und nicht wirklich hübsch.

Dann lieber Abgang mit haarscharfer Bügelfalte und gezogenem
Seiten-/scheitel. Und rechtzeitig, ehe die Familienkasse dich
daran erinnert, dass du schon viel zu viel Abfall erzeugt hast.
Wir gehen alle an Orte, von denen andere kommen. Der eine

zum Wohlstand der Einsamen, und der Bauer von Crautenbach/
Südhessen über Google-Maps nach Madagaskar. «Du erinnerst
dich? Ich wollte nichts als weit weg aus dem Leben, das ich
nicht führte, und du sagtest, aber bitte nicht Afrikas Osten.»

Wenn wir uns verstehen, war es ein glücklicher Irrtum, Ge-
liebte, und wir irren uns, Gott sei Dank, ständig. Aber auch die
Erkenntnis von der Verkennung hält uns aneinander, das ist das
Wunder, versehentlich vom Himmel gefallen, für mich. Aber

immer werde ich gehen, weil ich begehre, was fehlt. Doch der
Mangel am Mangel wäre die größere Armut, das Gold, das vom
Ringfinger zum Abfall fällt. So sind wir alle unterwegs, immer-
während, wie in einem Loch, das keinen Rand hat. Auch Schiffe

sind keine Metaphern, das ist ihre ernstere Botschaft. Sie ver-
binden in fast gerader Linie, was im Widerspruch erscheint:
Leben und sterben lassen. Denn sie sind auf dem Fluchtweg
erstickt, an der Grenze erschossen, im Gefängnis verhungert –

die Leitsätze der aufgeklärten Welt. Ich habe die Logik für
meinen Ton wohl schon lange verloren, weine, wenn ich sage,
ich lache, lache aber nicht, wenn es so klingt. Die Wellen sind
ähnlich und halten die Mitte zwischen Liebe und Scheidung. Ihr

Schnitt in die Leere des gefallenen Himmels, das ist die Grenze,
die unterscheidet, ob gut oder gar nicht. Mir ist es heute noch
ein Geheimnis, womit ich das Geheimnis der Flüsse ersetzen
werde, wenn sie fern von mir sind, unter der Erde und tiefer,

wie Böhmen am Meer.

Buch (3) – Das Buch Klara. İstanbul (II)

XL

Der Tod beginnt im September, wenn der erste faule Apfel
am Straßenrand liegt wie ein Satz im Gedächtnis, den keiner
mehr hörte, als es noch schön war. Der Geruch nach Trennung
vom Unwiederbringlichen liegt in der beschriebenen Luft. Die

Worte der Liebe sind verbraucht, die Kirschen gegessen, die
Lippen geküsst. Nicht, dass es schon dunkel wäre, wie es wird,
wenn es soweit ist, aber die Zeichen stehen auf Abgang und
letzte Verschwendung. Ein paar mäßige Jahre wiederholt sich

das noch, ein paar Bäume werden auch noch gefällt. Aber es ist
der Riss auf dem Foto, der deutlicher wird, der Stockfleck auf
dem Papier. Ich habe lange überlegt, ob ich so mich überleben
möchte, immer mit dem Mangel beschäftigt, mit dem Blick auf

die Ränder der Nacht. Andererseits, welche Flucht vor der
Flucht könnte es geben, die keine mehr wäre? Alles geht in
Richtung seiner Bestimmung und meistens / nach unten. Es ist
nur eine Frage der Zeit, und der Schwan streckt seine Flügel,

die sich eben noch zum Aufbruch spannten. Das Licht ist schön,
wo es schön ist, aber der Abschied wird dadurch nicht leichter.
Ich habe kein Verhältnis zum Mond, aber ich verstehe, dass
andere süchtig auf einem Dach herumsteigen, während sie

schlafen, nur um seine Nähe zu fühlen. Denn er ist dieses Licht,
das schwarz scheint, weil es von der Dunkelheit redet, die es
umgibt. Er ist der einzige Widerspruch zum Tod, der die Ewig-
keit für einen Moment überdauert. Es ist einerlei, in welcher

Großstadt oder Landverklärung das Immerselbe geschieht. Es
gibt kein Zentrum, das nicht auch zu einem Randgebiet wird.
Öde stehen die Angler am Hafen und warten auf die giftige
Sprotte. Das kann am Bosporus sein, das kann am Dorfteich

von Crautenbach passieren, das ist einfach, so ist es, das Leben.
Denn alles wird schrecklich, wenn man muss, was man will.
Und wir müssen im Glück sein und sehen zu, wie im Schaum-
bad verschwindet, was gestern der Tag war. So gehen sie hin,

die erregten Körper-/ströme über die Ístiklal, der Kauf- und
Rausch- und Feierhölle von Ístanbul, im gelangweilten Schritt,
um nichts zu verpassen. Der Mittelpunkt der Welt ist ein Loch.
Aber zu einem ernsteren Thema: Die neue Staubsauger-/ver-

ordnung ist da und gibt mir schwerstens zu denken. Wie konnte
der politische Haupt-/stromschalter nur derart versagen. Dann
lieber doch weg und nach Anatolien, wo man so wunderbar un-
verstanden sein kann. Keiner merkt, wenn Schicht im Schacht

die Lage ist, und alles gräbt weiter.

XLI

Im Moment tiefster Trauer stand die Sonne am höchsten. Vater wurde behutsam in die Erde gelassen, in einer Büchse aus Rotblech, azurblau, an einer pechschwarzen Schnur, und Mutter starb mit. Ebenso einsam und schluchzend wie ein Mädchen

im Liebeskummer. Ich weiß nicht, wann sie sich das letzte Mal etwas zu sagen hatten, aber die Zeit des Schweigens danach war die bessere Hälfte dieses zweifach halben Lebens – *bis dass der Tod* sie trennte. Danach Kaffee und Kuchen auf einem Berg am

Orts-/ende, im Café «Zur letzten Runde», in aller Munde und überall bekannt. Die beste Schwarzwälder Sahnetorte gäbe es hier, hieß es allenthalben. Das machte die Wahl etwas einfach. Aber auch der Bienenstich, der Butterkuchen, die Bachforelle.

Jeder aß, was zerbröselt auf dem Teller lag, merklich kalt war das warme Essen danach, der Perlwein schäumte schon lange daneben, ich saß noch ein wenig länger als die anderen Gäste, die noch etwas arbeiten wollten, damit der Tag auch Ertrag hat,

und zählte die Augenblicke, die ich allein war. Dann schied, wie nach einer Fügung im Willen des Herrn, mein Bruder, auch an einem Donnerstag, auch 13.00 Uhr. Wir duzten uns schon, der Mann mit der Urne und ich, er lief jetzt auch schneller zur Grabesstätte, wir wussten ja beide Bescheid. Dann kommt der Einsatz mit den Gebeten, dann die Musik, die gerade spielbereit liegt. Wir waren allein, wobei er beruflicherweise auf diesem Weg war, und ich mit einer Krankheit im Herzen. So verlassen von der Welt und seiner Herkunft war noch kein anderer Bruder. Mein Vater, nur einen Steinschlag entfernt, in Nachbarschaft nah für meine Mutter, die jetzt doch kam. Die jetzt doch kam, um gewesen zu sein, wo sie hingehörte in dieser Stunde. Ich

blickte auf das schwarze eiserne Tor am Eingang des Friedhofs, darüber zogen die Raben dahin, darüber stieg Dunkelheit auf und senkte sich nieder, durchbrochen von einem Licht, das nicht der Mond in seiner Unschuld war, und dann kam meines Bru-

ders Mutter des Weges, gestützt auf zwei Stöcken, langsam, wie der Abspann einer Tragödie mit Überlänge, und der Totengräber zog gleich die Urne zurück, und ich war mein Bruder, und seine Mutter war, wo sie begehrt worden ist. Was für ein Ende der

leeren inneren Landschaft in seinem kurzen, viel zu langem Alleinsein. Was für eine Schönheit im Angesicht der fallenden Blüte in dieser abgeschriebenen Zeit. Ich schließe die Augen und höre die Rede meines Vaters unter der Erde, wie er, wieder

und wieder, die Reste des verlorenen Bruders mit meiner Ein-
samkeit, grundlegend, verwechselt.

Blicke 1.9.14 I 14.9.14 I 15.9.14 I 16.9.14

XLII

Die Karten sind schlecht, die Tage gezählt. Die Gewissheiten
zerstreuen sich wie ein zerrissener Liebesbrief im Wind. Hier
und dort bleibt ein Wort hängen im kahlen Astwerk der Bäume.
Als die Lüge der Sprache noch unterging im zu guten Glauben

an ein sinnvolles Ende, hat ein Mund sie geboren, eine Hand sie
gesetzt. Gültig ist alles nur im Moment der Erscheinung, ewig
dauert der Tod. Was keinen Abschluss findet, hat sich selbst
nicht gefunden, so wie der Rahmen das Bild malt, der Schatten

die Geschichte der Dinge erzählt, die nichts von sich wissen.
Nicht dem Verschwinden gehört meine Angst, sondern dem
Verschwinden, das plötzlich verschwindet. Die Toten müssen
sterben dürfen, nichts sonst ist verständlich. Doch wo immer wir

sind, müssen wir bleiben, was wird, ist gewesen. Zeit ist eine
Taste auf deinem iPad, das einem anderen gehört. Jeder lässt es
irgendwann liegen, um zu entkommen, und dann findet er es
irgendwo wieder. Keiner entgeht seinem Gesellschafts-/vertrag.

– «Weißt du noch, wie jeder allein war mit einer Entscheidung?
Vor einem Vierteljahrhundert haben wir rebelliert, und jetzt sind
wir, wogegen wir sind.» – «Etwas stimmt daran nicht.» – «Es ist,
was die Sprache will, dass es wäre.» Wir trinken noch einen vor-

letzten Raki, bis ich nicht mehr mit mir reden mag. Aber ich +
ich sind nicht wir beide. Klara hat zu lange geschwiegen, das
lässt mich ungewiss zurück. Sicher ist nur die Flüchtigkeit der
Liebe. Die Dauer ihrer Flüchtigkeit aber bleibt ihr Geheimnis.

Unendlich zwischen uns ist ein Moment der Berührung, und
doch so kurz wie das Leben der Katzen, das sieben Mal schreck-
lich vergeht. In İstanbul sterben sie anders und nicht ohne Liebe
ihrer Besitzer. Herbstkatzen aber haben oft nur ein Auge. Ihr

Leben war schon zu lang, um nicht gebrochen zu werden. Auf
leisen Pfoten folgten sie den Spuren des Unglücks. Hunde haben
weniger Hoffnung, deshalb sterben sie später. Ihre Mutlosigkeit
lässt sie den ganzen Tag schlafen. Zusammengerollt in einem

Mauerwinkel oder hingestreckt auf der Straße, gleichen sie
einem erschossenen Sträfling, der auf der Flucht war und die
Wette verlor. Mit meinem Katzenleben ging es mir ähnlich.
Sieben Mal die gleichen Versprechen, und sechs davon sind

schon verbraucht. An großen Flüssen habe ich meine Sehnsucht
erfahren, mit allen Schiffen war ich unterwegs. Sag mir, wo du
nicht bist, damit ich dich finde. Komm, wenn das Licht geht,
wenn der Tag in den Herbst fällt, wenn lang wird die Kälte im

Körper der Hunde.

XLIII

Die Bilder verlassen mich wie Vögel die Orte des Winters. Es
wird sein an einem Donnerstag, dann nimmt ein Taxi mir alle
Dinge, die mich beschäftigt haben, neunhundert Verse hindurch,
und fährt sie davon. Ein Mann mit meinem Gesicht wird mit

ihnen verschwinden, lautlos, wie eines der treibenden Boote
im Nebel über dem Fluss. Schon jetzt erinnert mich alles an

etwas, das nicht ist. Was bleibt, ist eine Fälschung, der Geruch
nach Fäulnis auf einer Streuobstwiese, das ermüdete Gras. Ein

Kellner fragt, ob er den Sonnenschirm einspannen soll, weil um
uns die Nacht ist. Die Musikschleife ist kurz vor ihrem täglichen
Ende. Gleich noch ein Song von Frank Sinatra, und dann kommt
die Rechnung, in einer Wechsel-/schatulle aus handgegerbtem

Schweineleder. Daneben zwei Zitronenbonbons, damit die Be-
zahlung sich lohnt. Man gibt gerne zu viel, wenn man nichts hat.
Hauptsache, etwas war gratis, wie eine Umarmung aus Liebe
(wir erinnern uns?). Ich sehe, wie ein Spiegel mich sieht. Wir

kennen uns, seit ich an dieser Stelle der Wirtschaft das Orakel
meiner Sprache lese. Meine Spaltungen nehmen zu, meine
Zuversicht bleibt unverändert, wie das Zeichen für Null. Fort-
schritte macht nur eine Vorsteherdrüse im Labyrinth meines

Körpers. Immerhin etwas wächst weiter. Wenn schon der
Flieder nicht blüht / an meinem Sparkassenschalter und das
Bankgeheimnis gelüftet auf der Toilette wird, wuchert ins Un-
ermessliche wenigstens der Fußpilz, der Ausschlag, der Abgang

mit seinem Geruch frei von Anstand und Vorteil. Sonst, Mutter,
ist alles in Ordnung. Ich bin, du kennst mich, positiv verstimmt,
wenn es um die letzten aller Fragen geht. Überhaupt, ich leide
am utopischen Imperativ, noch immer zu denken und ins Grund-

buch des Überlebens einzuschreiben, was er dachte und sah. Wir
sollten aufhören, Sklaven der Sklaven zu sein, die pampige Mas-

se im Idealbild der Unterdrückten, der Faktor, an dem alle, die
verdienen, verdienen. Aber wir könnten noch werden, was wir

nicht sind: unseres-/gleichen. Frei ist, wer frei ist, die Freiheit
auszuhalten, die sich ihm bietet (in jedem Moment). – «Was

haben wir an Freiheit gelitten, damals, als es sie überall gab,
weil sie abgeschafft wurde. Immer dieses *Du musst es nicht*

tun.» – «Wo wir auch sind, sie ist immer schon da. Es ist die
Transzendenz der Gefängnisse, der Lichtschein einer Nacht-
wächterlampe, an der unser Geist sich entzündet.» – «Komm
schnell, wenn du kommst, und wenn du bleibst, bist du für

immer geblieben.» Der Satz war zu Ende, der Tag war der Satz,
ich rutschte aus und stürzte ins Bett. Aber eine Bananenschale,
durch die sich kein Un-/fall ereignet, wäre nun wirklich zu un-
bedeutend (für ein Gedicht).

XLIV

Es hat eine Bewegung auf meinem Konto gegeben, eine Basis-
überschreitung zweier tektonisch hoch-/verstrickter Schulden-
bescheide, für die ich nicht haftbar sein möchte, denn sie fand
in einer Fremdsprache statt. Türkisch, höre ich sagen, und ein

schlechtes wohl ebenso. Diese Beleidigung im letzten Satz-/teil
wiegt schwer. Ich versuchte, mit meiner Kasse in Konferenz via
Video zu kommen, aber die Dolmetscher streikten, weil die Um-
laute nicht mehr bezahlt werden sollten. Dann bricht der Rotary-

Club Sausuhle/Odenwald aus Angst vor meiner Rückkehr zusammen, weil ich ihnen die fruchtbarsten Frauen von Crautenbach empfahl, dauerhaft Mit-/glied im Verein zu sein (wie andernorts auch seit Abschaffung der Todesstrafe). Nur Prügel, mit jeder

Brief-/kastenfüllung. Abfall, der zum Abfall fällt. Als Wackeldackel auf der Hutablage eines Spitzenverdieners säße ich lieber als heuer hier, wo sich alles verbündet, was gegen mich verwendet und wirklich sehr schwarz werden kann. Die Akkumulationen

subalterner Diskurs-/rückstände, der kontingente Teil meines logo-/zentrischen Biosystems, alles kocht hoch und auf einmal. Fußball ist auch nicht mehr, was es im Juli noch war. Und (verloren) ausgerechnet gegen Polen, das doch eigentlich offen sein

sollte. Der Ball war gezinkt, stand in der *Prawda*. Wenn das mal keinen Sender in Gliwice beschäftigt. Was war noch (los). Im Stift muss morgen jeder zum Frühstück um sechs. Ein hoher Staatsgast mit versicherter Rente im Nachtzug aus Deutschland

wird für eine Rede auf dem wilhelminischen Friedhof erwartet. Tausend Jahre *Geschichten aus 1001 Nacht*. Thema: *Es gibt keinen Geschlechtsverkehr* unter Berufung auf die strukturale Psycho-/analyse Lacans. Lesen bildet. Lenin las viel. Krieg

gab es trotzdem. Ich möchte mich wieder ernster verstehen, gebildeter geben, eine Matrix für die Verwerfung der Welt sein. So etwas wie ein Ständer für Schirme, wenn es den ganzen Tag regnet. Was sonst, Herr, wäre sein Dienst? Aber auch mich hat

Blicke 5.10.14 | 6.10.14 | 17.10.14 | 21.10.14

es, seit heute Mittag, erwischt, wie andere einen Schnupfen bekommen: E-/bola. Ich weiß schon, man soll nicht *falsch Zeugnis ablegen*, aber schlecht ist mir trotzdem. Und die Symptome sprechen eine sehr klare Zeichen-/sprache, un-/hintergehbar,

irreversibel, temporär absolut. Haar-/ausfall im urogenitalen Bereich. Dysfunktionale Erregungszustände mit dauerhaft heftiger Muskel-/versteifung auf der Autobahn nachts um halb drei. Diverse Denk-/verstörungen und so weiter und bis hierhin.

Möglich aber auch: ein heftiges *burnout*. Wundern würde es Mutter mitnichten. – «Ich habe es dir immer gesagt, Junge, du musst lügen, ohne zu schielen.» Mehr dazu, in: *Ich hielt meinen Schatten für einen anderen und grüßte*, München 2008.

XLV

Die Stunden sind wieder kälter als gut. Der Mais, der hier gekocht und überall gegessen wird, ist andernorts schon Erde, die zur Erde sinkt, denn sehr verschieden gehen die Dinge. Aber immer den Weg aller Wege, am Oktober vorbei, bis zur Sichel

des Mondes. Dann fällt das Licht in den Winter, und ewig dauert das Eis. Das leere Astwerk wird meine Hand sein, auf der die Krähen sitzen, stumm wie ein Buch. Das ist die Zeit der Fotografien und ihrer Wahrheit der Lüge. Ich möchte nicht bleiben,

wo das Gegenteil der Liebe wohnt, und deshalb bin ich, wenn ich bei dir nicht sein kann, nur unterwegs. İstanbul ist für jeden, der flüchtet, das Paradies, denn niemand wird ihn hier finden, da keiner ihn sucht. Eine Frau von einer Zeitung für Männer fragte mich heute, an was die Stadt mich erinnert. An die Stadt, sagte ich, die ein Fisch ist, der auf dem Stein liegt. Das schrieb sie auf, und dann brach die Feder. Subversiv durch Metaphern zu sein, ist ein beglückender Umstand für Menschen, die umständlich

sind. Ich bin, sobald ich einschlafen konnte, eher einfach in meinem Wesen, und das ist dann auch nicht teilbar mit Glück. Die Kehrmaschine zu meinen Füßen hebt an zur Hymne der Nacht. Es ist richtig, dass alles Falsche verschwindet, die Ver-

packungen, zer-/rissene Briefe, der Glaube an die Beständigkeit der Welt. Hätte ich nicht viel zu oft schon von Schiffen erzählt, die meine Augen passieren wie ich die Passkontrollen in andere Länder, ich würde erzählen wieder und wieder und nur noch

von Schiffen. Sie sind das Geheimnis einer vollgestellten Welt, nicht ihre Fracht, die wieder verschwindet. Ich wusste es nicht, ich dachte es nicht. Auf ihren fließenden Wegen wird alles ent- schieden, was überdauert, und immer, wenn ich sie sehe, möchte

ich in ihren Körpern leben und ruhen, vor der Ruhelosigkeit, in meinem Körper. Dann wieder eine Kehrmaschine, und dieser Gedanke fällt ihr zum Opfer. Ein alter, kranker Mann am Tisch neben mir kratzt sich die Flechte im entstellten Gesicht. Er isst

ein paar Nüsse, als wenn sie das letzte wären, das zu lieben sich lohnt. Die Schale ist leer. Er zahlt die Rechnung und geht den Weg, den auch der Mais geht, wenn es vorbei ist. Es sind dann die Hunde, die immer noch etwas länger bei einem bleiben. Sie

dösen einfach so vor sich hin, und wenn du gehst, gehen sie mit.
Ich werde ihn Yaris nennen und behalten wie ein Geschenk, das
keine Schleife benötigt, wie eine Perle, die wieder rein in ihrer
Muschel liegt, wie einen Satz im Zustand der Unschuld, Klara,

mein Rätsel, das Wort.

XLVI

a) «Ich habe den Geruch deiner Haare vergessen. Verzeih mir,
ich werde alt.» – «Es gibt Stunden, in denen ich älter bin als du,
auch wenn ich jünger war bis zu diesem Moment.» – «Das kann
an den Sätzen liegen, die mir gelingen, und ich lebe gern in der

Sprache, die mich erfindet.» – «Mehr war nie zu erwarten.» –
«Es sind die kurzen Gespräche, die zu einem Ende führen, das
man erfüllt nennen kann. Je länger wir reden, desto mehr haben
wir verschwiegen.» – «Darum rufst du auch an, und immer zu

spät.» Sie legte auf, und ich hörte noch den Ton meines A-/tems,
der aus dem Restbestand des Lebens kam. Yaris wartete auf ein
Zeichen des Herrn. Ein Ohr hing schlaff ihm herab, das andere
war aufgestellt wie eine Antenne, die einen West-/sender suchte

(irgendwann zu Zeiten des finstersten Ostens). Deutsch-/land-
funk, dann zwei, drei Wodka, und keine Träume von einer Zu-
kunft in Notzucht. Diese Welt war verloren und blutete leer.
Vom Ideal der Idee her betrachtet, gibt es nur Niederlagen. Die

deutsche DDR, Hauptstadt vergessen, musste genau daran ster-
bens-/langweilig (ver-)enden. Jetzt haben wir das Gift noch im

Körper, und die Sau ist schon tot. Schöne Weihnachten, Vater,
der du bist / dort unten, wo alles gleichviel ist. Das Vergessen,

das sich selber vergisst – vielleicht war das seine Lösung, und
die einzige, die es gab, wenn man blind ist sehenderweise. Gott,
sei ihnen gnädig, denn sie wussten, was sie taten, wohl immer.
b) Die Strände von Kilyos, keine Stunde entfernt, zeigen alles,

was die Geschichte erzählt, jetzt, im Oktober, am Ende der Il-
lusion, die Sonne sei ewig und alles sei Licht. Es sind die an-
gespülten, ab-/genutzten, aus-/verkauften Gegenstände, die von
einem Anspruch auf alles berichten und wie kläglich er endet.

Die Welt ist ein Strand und ihre Geschichte der Abfall. So gehe
auch ich und höre das Brechen der Muscheln unter den Schritten
wie eine Sinfonie Gustav Mahlers – die Zweite, die schönste.
Denn alles, was ist, ist gegründet in Schuld. Und jede Spur ist

Zerstörung von Spuren. Denn nichts kann ohne einen Ort sein.
Und der ist immer schon, vom Vorherigen, besetzt. Yaris hörte
mir andächtig zu, scharrte mit der Pfote ein Loch in den Sand
und machte hinein, was heraus muss. Dabei schaute er mich an,

um zu sehen, ob ich sehe, wie er es tut. Dann war es schlagartig
dunkel, und ganz ohne Schatten ging auch der Tag. Hier könnte
ich bleiben, bei den streunenden Hunden, der gerissenen Reuse,
dem gebrochenen Meer. Und hier könnte es sein, dass ein Stein

sich erbarmt und mit mir redet / zur letzten Stunde.

XLVII

Vor dem größten aller Abschiede aber müssen wir Rück-/kehrer
sein, Kreis-/gänger, die Wieder-/holung der Wieder-/holung er-
tragend, und auch der Tod ist nur das Ende einer Terzine. Yaris
weiß nicht, dass er nichts weiß, und das macht ihn mir über-

legen. Seine Hundeaugen brechen jedes harte Herz. Meines ist
nicht mehr teilbar. Ich muss fahren, und er bleibt, wo es gut ist.
Ein türkischer Bus ist immer wie ein gezündeter Spreng-/satz,
der jederzeit losgehen kann. Ich fahre gern und denke an nichts.

Wenn es denn sein soll, dann war es, in seinem Wahnsinn, auch
ernst gemeint. Ein Abgrund, ein Auto, *so wächst zu-/sammen,
was zu-/sammen gehört.* Wunsch und Wirklichkeit aber, und so
weiter und so fort. Ich spiele gern mit dem finalen Gedanken,

das beruhigt mein trübes Gemüt. Andere segeln, kegeln, halten
sich fit für den Ab-/gang. Jeder muss irgendwas tun, und auch
Warten ist ein Geschäft, das Profit (scheißt). Ob ein Leben es
erlebt oder nicht – so war es immer im Sinne des Schöpfers, der

nie eine Ausbildung hatte. Wahrscheinlich steckt hinter allem,
was plötzlich hochgeht und mit sich in die Senke reißt, wer bis
drei nicht zählen kann, Erich, der Dachdecker. Wundern würde
es nur Yaris, der den Osten nicht kennt und die surrealistische

Republik mit ihren a-/poretischen Manifesten für eine Übertrei-
bung auf dem Beipackzettel für Psychopharmaka hält, um
versicherungstechnisch auf Nummer sicher + 1 zu gehen. Der
Topos muss an der Jahreszeit liegen, am drohenden November

mit seinen Geschichtsein-/schnitten und diversen Regressionen. Was ist nicht alles historisch passiert, nur weil das Wetter so schlecht war naturgemäß. Selbst der Eiserne Vorhang[5] aus Beton und Stacheldraht-/locken rund um die Zone: riss. Wer es

nicht glaubt, siehe nach. Von Ístanbul in drei Stunden erreichbar (früh buchen, und dann schon für vierhundertzwanzig Türkische Lira (mit Frühstück)). Ich werde gleich wieder un-/ernster werden, leichter. Aber die Ereignishaftigkeit der Dinge in

meinem bemerkenswert brüchigen Leben, preußisch verfärbt, Friedrich war (ja) mein Gegner im Schach, bis sein Hund starb, ist einfach unübertrefflich frei von Erfindung. Was lag nicht alles im Abfall der Stunden und zappelte noch und kam trotz-

dem nicht nieder. Der grüne Pfeil für Rechts-/abbieger, um ein Beispiel zu nennen für alle Fremden. Oder. Aber das führt jetzt auch nicht zu einem Ergebnis, wo es um Schulden-/abbau und eine neue Versicherung für den Zahnersatz geht. Beides erwartet

uns in Deutschland, mich und mein gebildeter Hund. Dann Frau Müller und ihre geschmiedeten Vermieterpläne gegen meine Bedürftigkeit, nichts als nichts zu verlangen.

---

5 Metapher für die Grenze im Kalten Krieg. (Kalter Krieg → Metapher für «Aus Pflugscharen schmieden wir Schwerter», Bibelübersetzung, Ostberlin.)

XLVIII

Ich habe immer bezahlt, damit niemand mir schenkt, was er
später (um ein Vielfaches schöner) zurückhaben will. Und
wahrlich, ich sage euch, stündlich lösche ich Rabatt-/angebote,
Sonder-/kredite, Luxus-/immobilien mit Millionengewinn. Jeder

Vorgang des Streichens aber ist eine Spur dem entgegen, das
keiner gewollt hat. Ich glaube, das dachte ich schon Anfang
Mai. Seitdem ist das Alte beim Alten geblieben. Auch das eine
Falle für (zu) Früh-/entschlossene: den Stich der Sonne für einen

Heimvorteil halten und zu-/greifen, was noch ohne Anhänger
ist. Dann kommt das trübe Erwachen, wenn die Jacke im Dreck
liegt. Gut, wer kauft, verstärkt auch die Wirtschaftsinteressen
der Gutverdiener und lebt das Recht auf Verschwendung. Nur,

was wird kommen danach, sobald auch der Ringelwurm zur
Handtasche wurde und der letzte Elefantenhoden für den An-
trieb des Mannes versiebt ist? Nichts. Endlich. Wie nach der
Offenbarung des hl. Johannes – das leere Rauschen der Fort-

schrittsversprechen. Ich habe Hoffnung immer für einen Fehler
gehalten, aber Hoffnung auf ein ganz großes Fest nach dem Ab-
stieg der Lieblingsmannschaft (und mit allem, was die Reserve
so bietet), das wäre schon schön / für das Album im Nachlass.

Eine Polonaise im falschen Moment, und es er-/greift dich der
Wohlstand. Was dann kommt, ist Elend. Oder ein wilder Köter
in Kilyos, der seine Medikamente vergaß, greift unser Herz an
und frisst deine Leber. (Meine würde er nicht überleben.) Das

Blicke 26.10.14 I 27.10.14 I 28.10.14 I 31.10.14

sind Szenarien von höherer Wahrscheinlichkeit, unabgesichert real, reziprozitär zu erwarten bis zum letzten Ton der Glocken an Heiligabend. Ich gebe gern zu, dass ich endogen negativ ur-verfasst bin, das entlastet die Welt in ihrem heillosen Zustand.

Das bin ich allen wohl schuldig, die das Schöne für irreduzibel halten. Frau Müller, dem Beamten im diplomatischen Dienst, der gestern ein Frühstück spendierte, den Blumenbindern auf dem Friedhof meiner Familiengeschichte. Es gibt so viele letzte

Bewegungs-/abläufe, die alle ihren Sinn verfehlen, dass man gar nicht fertig wird mit dem Mitleid (und auch für Tiere). Jeschua, er wird fortwährend ver-/braucht. Aber einer muss leiden, damit die anderen dumm bleiben und Golf spielen können. Das war

schon zu meiner Zeit so, als ich noch jung war und wie mit O-MO gewaschen weißer als weiße Zähne hatte. Geändert hat sich daran wohl nichts. Demnach: ich erkläre hiermit eine patho-logische Grund-/übereinkunft im Zustand von fehlender Zeugen-

schaftshaftung, und alle kommen irgendwie davon. Jetzt noch die Polonaise zurück, so mit Hand auf der Schulter des Feindes, und alles bleibt super ver-/blendet, an einem Abend, auf einem

Schlachthof / im kapitalistischen Winter.

XLIX

Die Wege der Trennung sind unerbittlich und schneller als alle
Geburt. Was von Tag zu Tag und mit jedem Gang durch die
Gassen und über die Märkte und mit jedem Verlangen, das fort-
während unerfüllt bleibt, hinzukam, erweist sich als Plunder,

sobald die Blicke der Leidenschaft stumpf sind wie eine rostige
Klinge, die im Kehricht liegt. Nicht ich, es handelt ein anderer
und wirft alles weg. Die Schuhe des Sommers, Notizen, auf die
Ränder einer Zeitung geschrieben, Gebrauchsgegenstände, halt-

barer als das eigene Leben, würden sie bleiben, wo sie jetzt sind.
In Kisten trage ich zur Tonne, was bis eben unverzichtbar war.
Wenn das Leben, das sich immerwährend Dauer wünscht, zur
Vergangenheit wird, ist jede Abfallgrube augen-/blicklich voll.

Am Bosporus stehen die Angler so nah beieinander, wie keine
Sardelle auf dem Teller liegt. Wer Glück hat, fängt nichts und
kann länger träumen. Verkäufer bieten Mais an und Reis und
heiße Kastanien. Wilde Hunde wärmen sich am Feuer, das sich

durch weiche Scheite Holz, zur Pyramide aufgeschichtet, auf-
wärts und nach oben trägt. Im Wellenschlag gegen die Mole
treibt seltenes Treibgut und zerschellt. Der Fluss ist eine Karto-
graphie der Begierde, eine Dublette aller Verschwendung, und

die Requisiten ziviler Betäubung gehen mit ihm, wie das Fieber
einem kranken Körper folgt. Das Meer und seine Strände mit
ihren angeschwemmten Über-/schüssen, Rest-/beständen, ihrem
Bruch, sind schon die Erzählung der Welt, die sich zu keiner

Ordnung fügt. Wirr und verstoßen wie ausgesetzte Tiere, die zu
frieren beginnen im Herbst, gerät in den Strudel und versinkt, was
von Natur aus zu schwer ist. Das Leichte aber ist schon gebro-
chen, getrennt von seinem Ursprung, dem Ganzen. Oder es fliegt,

weil es dem Himmel näher als der Erde ist, der Liebe als Wesen
des Geistes tiefer verbunden als jeder Umarmung, die immer in
Ent-/zweiung an sich selber scheitert. Was sich zu nah kommt,
verliert sich zu früh aus den Augen. Nur Abstand schafft Nähe,

nur im Alleinsein hat Zweisamkeit Bestand, weil sie so fern aller
Zerstörungen bleibt. Auch das eine Wahrheit des Wassers: dass
es auflöst und neu verbindet, scheidet und fügt. Es sind Zeichen,
die mit den Wellen verschwinden, so wie die Dinge mir noch

einmal in den Händen liegen, ehe die Sonne sinkt in den Fluss,
wenn es soweit ist. Das alles ist Dispersion, Zer-/streuung von
Gewissheit und System. Und das ist auch, was bleibt: das Nichts
und seine Ewigkeit. Dann stürzte ich über die Treppe aus Stein

auf die Steine, schlug auf, wo der Ab-/fall schon lag, der mir in
Kisten aus den Händen fiel. Vor Kilyos, erfahre ich später, ver-
sank ein schwarzer, brüchiger Kahn, und es ertranken, während-
dessen, die Fremden.

Buch (4) – Die Zeit danach

L

Trauer ist Abschied vom Schönen. Denn es sind die Tage
danach immer andere. Und wir kommen allenfalls wieder,
aber niemals zurück. Und wo überall schon, überall schon,
wollte ich bleiben? Jede Form jedoch, die ihren Abschluss

fordert, ist nur vorübergehender Natur, fließend, wie das
Begehren. Ich wüsste, würde ich gefragt, von keinem Ort
zu erzählen, an dem die Sehnsucht nach anderen Orten den
Frieden nicht bricht. Denn länger nie, als der Weg eines fal-

lenden Tropfens vom Blatt auf die Erde dauert, dauert das
Glück, und was folgt, ist die Ewigkeit des Wartens. Am Ende
wird alles ein Kreis gewesen sein, der sich vollendet, und was
in Liebe nicht zerlegt werden konnte, war aus Stein. Aber was,

Liebste, wenn die Liebe sich öffnet nur dem, der ihr in Blindheit
begegnet? Denn jedes Wort kommt zu spät, und es zu sagen
erreicht schon ein anderes Herz. Doch stehen so in-/einander
verschlungen, als wären nur sie von tieferem Sinn, zwei Bäume

vor meinem Fenster, und ein Geheimnis wird bleiben, wohin die
Wurzeln in die Erde treiben, und ob sie sich kreuzen wie die
Arme mit ihrem schütteren Laub. Und niemand weiß, was nur
die Würmer noch sehen und Gott. Ja, ich habe dich gesucht, und

schon war es Winter. So also schenken wir uns, was wir niemals
besitzen, die Legende der Dauer. – «Und dann?», fragte ich den
Jungen, der mir gegenüber in der Kneipe saß und sich gerade
selbst optimierte. – «Dann, ich werde Millionär.» – «Was auch

sonst bliebe dir übrig?» Sein pink Armband blinkte, und auf
seinem *smartphone* vor uns auf dem Tisch sah ich eine Kurve
von *google* über die Frequenzachse schlagen, auf dass er sofort
auf-/stehen und Sport treiben möge, damit sein Kreislauf wieder

auf Höhe der Rabatt-/marken tickt. In dem Moment wünschte
ich mir, lobotomiert worden zu sein, nichts zu empfinden, die
Liebe nur aus Büchern zu kennen, und dann zu leben wie ein
Büchsen-/öffner, der leicht sich durch die Dosen schneidet.

Man muss nur positiv denken, auch wenn es negativ endet. Es
bleibt ohnehin nur noch übrig, was keinen Überbau hat, kein: –
«Kannst du das bitte noch einmal sagen, langsam und so, dass es
auch dein Drucker versteht?» Dieser Bierdeckel beim Gastwirt

meiner Selbstbestimmung, hier, heute, mit Strichen am Rand
zweimal um-/rundet und somit verwertet auf absolute Art, wird
Zeugnis ablegen, dass es mich gab, in dieser Sekunde eines
grandiosen Versprechens. Und dann werde ich den Wurzeln

zweier Bäume folgen, unter uns, in einer anderen Richtung
als dieser.

LI

Meine Gemeinde hat jetzt hochgerüstet, und die Gemeinheit ist:
ich werde drei Mal geblitzt, wenn ich ein Mal nur zu ALDI fahre,

um mich auszustatten für die Stunden meiner akuten Hoffnungs-
losigkeit. Jeder morsche Holzverschlag, gerade noch gut für

einen Sender mit Blitzlicht. Und dabei zahle auch ich keine
Steuern, wo es nicht auffällt, dass ein paar Kohlen fehlen. Gera-

de erst gestern: 1 Euro 22 Tantieme für meine gesammelten Zwei-
fel, Band 3. Davon 19 % nicht weiterverrechnet, macht 20 Cent

für den Urlaub. So geht das fortwährend, wenn einer rackert wie
(?) – keinen Vergleich gefunden. Hängt sicher mit der Haltung

des Kopfes nach unten zusammen, wo die Kohärenzen und logi-
schen Folgen zerbröseln wie harter Tabak, wie alter Teig, wie

(?). Geben wir nur einmal mein Tagebuch des Überlebens in die
Hand eines Maklers: 240 Tele[6] für einen Drucker, ab-/gearbeitet

und zurückgelassen. Off. Empf. i. Auswärtigen Amt, erledigt.
Bewerbung als Friedhofsdiener, erfolglos. Mobile Verbindung

---

6 Tele = Türkische Lira.

jetzt (02) 266 – 337 – 11 – 981. SIM-Karte ausgetauscht. Vorwort für meine nächsten Remittenden geschrieben. «Spiegel-

land», *ß* in *ss* formatiert und direkte Rede ohne Anführungszeichen «unten und oben». 1 Gedichtanfang: «Paranoia 2014 –

nein, wir werden nicht überwacht.» Und weiter: «Alles erinnert mich an etwas.» Am Kaffee sparen. Am Strom. An der Heizung.

Wieder Verwertungsrechte von VG Wort eingefangen, 7 Euro und 77 Cent. Mühsam ernährt sich das Eichhörnchen, und fett

wird die Sau. Wohin, arme Mutter, nur der anderen Reichtum ab-/sickert? Man spricht von Sparstrümpfen, irgendwo in der

Mitte einer Miete für Heu (landschaftlich betrachtet), im Abspann eines Softporno-/videos mit Hinweis auf die Endlager-

stelle (städtisch). Zurück zu uns (gemeint sind ich und mein Leser): 1 kw/h = 0,25 für Heizstrom, mal 360 durch 2, macht

Voraus-/zahlung 1.500 Eier (oder sie erfrieren). 1 Regal für frische Kondome, daneben der Duden, daneben Max Stirner

in der Erstausgabe. Nein, nur der Duden und (m)ein Buch: *Der Einzige und sein Eigentum.* (Habe eben an-/gegeben. Kommt

gelegentlich vor, wenn man nur sich selbst noch beeindrucken kann / so kurz vor der Prämie mit Sechzig.) 6.Januar, 250 + 90

+ 300 + 640 + 30 + 119 + 1.420,00 Steuer-/nachzahlung, heißt:
«Ich schicke meine Mastercard im goldenen Umschlag zurück.»

Auftrag-Nr. 852 – 2 – 3399987 wurde auch ab-/gewickelt. Und
danke, Schatz, für das hübsche Notizbuch mit der Aufschrift:

Neue Gedichte.

LII

In D. (Sachsen) ist wieder jeden Montag jeder das Volk. Auch
Volker, mein falscher Freund aus der Schulzeit, brauchbar für
alles, erst hochgekrochen und dann abgesandelt, Stalins Liebling
bis neun-/neun-/und-/achtzig, in der ersten Reihe der Zweite von

links. Ich erkenne ihn in meiner Landausgabe (Wochenendblatt)
fast voll-/ständig wieder, mit diesem oder einem ähnlichen
Jackett, dessen Knopfloch immer besetzt ist mit der Plakette des
Tages. Zwei sich umschließende Hände waren es damals, hier

mit dem Sparkassenlogo, wenn ich es richtig erkenne. Die
Zeichen ändern sich, die Bedeutungen bleiben: *Ich bin ein A
(rsch).* Pegida (& nicht mit Kita verwechseln) – da muss doch
etwas schiefgelaufen sein mit der Situierung der Seele im Osten.

Ich meine, ich bin auch hart gewickelt groß geworden, saß früh
auf dem Topf, ohne zu müssen, und nur, weil ich musste, aber,
dennoch, ich bleibe, wie ich es anständig finde, mit meinem
Volkszorn → allein, und sei es im notorischen Kampf mit dem

Ordnungsamt meiner Gemeinde (siehe → LI). Pegida (& nicht mit Kita verwechseln), was für ein Name für gar nichts. Wenn jeder seinen Abfall auf einen Haufen schüttet, ist er zwar irgendwann groß, aber immer noch Abfall. Es gibt die Schwärme

wohl. Ich sehe sie täglich vor meinem Fenster, und wie sie das Nichts mit nichts ausfüllen – die Spatzen, die Krähen. Aber es gibt auch den Fuchs, der einsam um die Hütte schleicht, die Schnecke, die sich zurückzieht, den Maulwurf. Würde mein

Leben nicht eben noch im Winterschlaf liegen, vergraben in den Winkeln der Zweifel und der Niederlagen, geblendet von der ewigen Frage: Wozu?, ich würde wohl meine Wege abwärts laufen als gewählter Vertreter der eigenen Anwesenheit in viel-

fach gespaltener Weise. Ab zwei Personen, sagt Nietzsche, gibt es Wahrheit. – Gut. Dann bin auch ich das Volk, alter Volker. Themenwechsel. Denn es wird viel gestorben in diesem Jahr. Das Adressenbuch wird dünner und dünner. Bald reicht ein

Zettel. Schon heute kenne ich Leute, die keiner mehr kennt. Der Bleistift für die letzten möglichen Sätze, er liegt gespitzt und immer in Reichweite. Die Blumen – drei rote Rosen – stehen vertrocknet. Aber sie stehen. Immerhin. Noch. Mahlers Fünfte.

Es ist das Letzte, was ich tatsächlich hören mag. Und: *Nur zwei Dinge* von Gottfried Benn. Gelesen von dir. Denn allein deine Stimme, sie ist die letzte, die ich hören mag. Und die Amsel in meiner Nähe, sie möchte ich hören. Und: *Nur zwei Dinge* von

Blicke 28.11.14 | 30.11.14 | 2.12.14 | 9.12.14

Gottfried Benn. Und Mahler. Und deine Stimme. Aber nicht,

bitte, an einem Montag.

LIII

(Hier steht nichts.) xxx...//xxx...//xxx...//xxx...//xxx...
http://www.photocreatief.de/russische-canon-werbung/
(Und hier könnte jetzt auch Ihre Werbung stehen!) xxx..
xxx... // xxx...// xxx...// xxx...//xxx...//xxx...///xxx....

LIV

Heute trifft sich der *flashmob* beim Bäcker. Es geht um die
Selbstanzeigen im Steuerhinterziehungs-/skandal von C. (Orts-
name geschwärzt). Der Landwirtschaftsbürgermeister. Der
Schuhreparateur. Und ich. Wegen der Einszweiundzwanzig

für meine gesammelten Zweifel. Das alles wegen einem einzigen
Satz für die Kittelschürzen der Reinigungskräfte: *Wir sind das
Bier!* Nicht zu verwechseln mit: «Und ich bin der Volker!» (→
Kontext-/verschiebung). Assoziativ optimal, wie ich finde. Bei

Lotman gibt es die Vermutung, der Rezipient (also nicht die
Reinigungsfachkraft selber, sondern ihr augen-/blicklicher
Leser, dem sie begegnet) führt jede Komplexsteigerung auf das
Basalparadigma zurück, daraus folgt: → jede «narrative Über-

versorgung» (Genette) meiden, meiden, meiden! *Wir sind das
Bier!* O was für ein An-/spruch. Und dann s.o. (brutto). Und
jetzt das (Selbstanzeige). Aber besser noch immer als Gefängnis
auf Burg Hodenstein oder Rabattmarkensperre oder der strafen-

de Blick von Frau Müller beim Tonnenwegschieben. (Sagte ich schon, dass ein Herr von der Zeitung sich hier fest-/gesetzt hat wie eine Zecke im Haarteil und jeden Tag mitschreibt, wann ich was esse? Über zwei Ecken gespiegelt, sieht er mir in der Koch-

nische zu und wertet es aus für die Dorfbeilage. Er heißt Huhn, Herbert, Nachname, Huhn[7]. Aber ich muss ja nicht lesen, was andere wissen, was ich alles nicht weiß. Denn Freiheit ist zwar Einsicht in den biologischen Rhythmus der Nachbarn, einerseits,

dann aber auch, einfach anders zu kochen als üblicher-/weise. Wir verwirren sie, bis sie sich irren. Am falschen Kühl-/fach stehen, den Sender immer auf Lokalradio drehen (und Deutsch-landfunk hören dann nur unterm Bett); so sehen sie nie, was nie-

mals nicht ist. – «Ich muss heute wohl doch noch zum Arzt.» – «Der Schlüssel steckt.» Und dann geschah es: es blitzte mehr-mals aus allen Löchern in der Natur. *Selfis* entstehen auch nicht schöner. – «Pass auf, Schatz, ich gebe jetzt Gas, und in wenigen

Stunden hast du ein *picture* von unserer Liebe / zum Auto.» – «Doch, ich weiß, was es ist: fünf Tage Klein-/stadt, und die Landluft riecht scharf wie Benzin.» Denn wir bringen immer mit, was wir sind. Und wir sind, was der Ort und sein Fall ist.

(Gehirne reagieren auf die Realität wie ein Lottoschein auf die Kugeln im Trichter; das heißt, sie regressieren in einer Million Fälle von einem irgendwie glücklichen Zufall, optimal tragisch.) Ich könnte wohl ein Lied davon singen. «Fuchs, / du hast

---

7 Alliterationen sind immer verdächtig. Vorsicht (!). Siehe auch → «Steinzeit. Lust-spiel», UA: 1999, ich glaube, im Juni.

die Gans gestohlen, / gib sie wieder her.» Aber, natürlich, wir
wissen, dass er es → naturgemäß → nicht tut.

LV

Wie eine Stelle, auf der schon etwas steht, nicht mehr besetzt
werden kann, so muss, wer etwas will, etwas töten. Das verlangt
die Kultur der Aus-/schließlichkeit, des An-/ und Abschaffen-
müssens, der finalen Entscheidung. Und so also liegt, unab-

wendbar und nüchtern, die Klinge bereit für den Schnitt durch
des Lebens verwundbare Kehle, Faser für Faser, Nerv für Nerv,
Jahr für Jahr. Ab-/lösungen aber gelingen nie ganz, 1.) denn ein
Loch im Gewebe des Stoffes erinnert immer an den Stoff, der

verbrannt werden sollte, 2.) denn alle Leere ist niemals nur leer
und durchzogen von Spuren, 3.) denn was war, gab es, und was
es gab, wird auch gewesen sein, und was gewesen sein wird, ist
mehr als der Stoff. Und das, die Welt, wie sie war im Augen-

blick der ersten Betrachtung, ist später, was wir erinnern. «Ich
weiß nicht, wann ich mich irre, und ich irre mich auf ehrlichste
Weise, wenn du die Wahrheit von mir verlangst.» – «Ich ver-
lange gar keine Wahrheit, sondern eine Entscheidung.» – «So

auch steht die Natur sich selber im Wege, produziert und ver-
wirft, ist und ist nicht, zeugt und verzehrt sich.» – «Kannst du
die Metaphern in den Abfall für die Schweine werfen und bitte
einmal wortwörtlich verstehen, was jemand jetzt von dir will?»

– «Nein. Doch.» Dann fiel die Sonne ins Tal, wie die Schwermut
tief ins Gemüt eines Selbstmörders sinkt, und ich hörte vom
Absturz einer deutschen Maschine in den französischen Alpen,
die ein Selbstmörder flog mit der schwarzen Last seiner Absicht,

bis sie verschwand, sprachlos und einsam hinter den Bergen der
Landschaft. Stumm stehen die Häuser und unbewohnt vor der
langen, versiegelten Nacht. Sobald ich die Dunkelheit dieser
Stunden betrete, bin ich mir selber verlorengegangen auf natür-

liche Art, denn nichts zeigt mich an, nichts deutet auf etwas,
nichts will, dass es ist. Das Licht der Finsternis ist ein Gedanke,
eine Idee, ein Raum nur in der Sprache. Was, an dieser Ruhe,
gehört schon dem Tod? Wo, in dieser Ruhe, ist, was tot ist, den-

noch lebendig? Wie gelingt es, zu unterscheiden, was keinen
Unterschied kennt, auf dieser Wegspur des Lebens zum Tode?
Angenommen, ich liege begraben und öffne die Augen, ange-
nommen, ich öffne die Augen und blicke auf nichts, angenom-

men, meine Sätze bleiben unerwidert, und ich rede weiter, ich
erzähle weiter, ich denke weiter, angenommen, ich sehe dich
weiter, ich liebe dich weiter, angenommen, ich bin ewig allein,
denn der Tod ist nicht nur die Dauer eines dauernden Schlafes,

sondern er ist, was uns fehlt immerwährend / vor den Toren
der Nacht.

LVI

Die Kühe, ferngesteuert. Utilitäre Subjekte, verkabelt, persistent
online und einen Finger immer am elektronischen Abzug.

Auch andere Freizeitkörper sind unterwegs und beten und feiern die
Internet-/Messe, die Auf-/erstehung des Herrn (vom neuen Netz-

werkbetreiber), *posten* und prosten sich zu. Es ist ein heil-/loses
Glücks-Hin-und-Her, etwas ubiquitär Arbiträres, das heute in
der Wiese brodelt. Botenstoffe läuten des Frühlings Schluss-
verkauf ein, und die Botschaft ist klar: ganz wunderbar gedeiht

das Land. Auch Frau Müller putzt alles auf Hochglanz-/politur,
räumt die Zwerge aus Terrakotta vom letzten Jahrhundert, voll-
gesudelt und im Kot von tausendundeiner Spatzenfamilie, die
hier des hohen Weges kam, physiognomisch fast untergegangen,

hin zur aufgeräumten Seite weg, wo auch der Feger aus feinem
Pferdehaar steht und der Eimer für Unkraut, der unterm Kraut
rostrissig aufgerissen Wasser und Erde als fluiden Abfall verliert
und schmutzrotbraune Streifen wie urinale Zeichen eines Stein-

bocks auf dem Steinfußboden der löblichen Familie zeichnet.
Von Pech befreit sind heuer die Talwachteln, von Plastik die
Bachstelzen, von Ölrückständen der Dorfteicherpel, von und
die usw. usf. Tief im Holunder jedoch verrottet der Plunder

(immer noch). Oben hui und unten e-/gal, was passiert. Echte
Attrappen, wohin das Auge auch aus-/läuft. Dubletten. Nach-
richten aus zweiter Hand. – «Sagtest du, zweiter?» – «Bitte, lege
die Worte itzt nicht einzeln auf deine Waage für Gold. Andern-

falls gehen sie den Weg allen Ausschusses bach-, aber abwärts.»
Was hat sich sonst noch ereignet? Es sind die Krähen, die sehen,
wo gestorben wird. Sie bezeugen das trübe Nicht-/sein, die gül-
den blinkende Scheinbarkeit, ornamental über dem Haupte der

Betriebswirtschaftsfach-/frau, in Kreisen sich nähernd zur Mitte
des Todes herab, wo das Herz sich selber seine Grube gräbt, mit
der Hacke der toten Sprache → für die Fäulnis danach, am Ende
der Geburtstagsfeier-/stunden, der Jahres-/tage, der Fest-/vorträ-

ge. Es ist erstaunlich, wie lange wir noch weiterschreiben so oh-
ne Zuversicht, im Lustzentrum belohnt zu werden. Gut, hirnana-
tomisch ist heute vieles bekannt, die Synapsen-/felder, auf denen
rot der Klatschmohn blüht, die neuronalen Not-/ausgänge, nur,

ob die Kasse auch zahlt, zählt zu den Rätseln des Fortschritts
im allgemeinen. Also warten wir ab, bis sich von alleine ent-
scheidet, was bleibt oder scheidet an substantialer Funktionali-
tät. Denn es gibt durchaus schon Menschen, denen geht es auch

ohne Gehirn nicht nachweisbar schlechter als den Amphibien
                    vor wirklich sehr vielen Jahren.

LVII

Als ich gestern zur letzten Stunde noch einmal los-/fuhr, um
nichts zu erleben und eben nur etwas abzuhängen, mich abzu-
lenken von der Sprachlosigkeit dieser Gegend, bis die Augen
wie von selbst in die Nacht sinken würden gleich einem Stein,
wenn er in den Dorfteich plumpst, saßen, den Hühnern auf der

Stange zum Verwechseln ähnlich, die Knaben am Tresen links
meines zugeklappten Buches, und rechts daneben die Mädchen,
Kindergarten mit Abitur, wollte ich sagen, aber hochausgestattet
mit allem, was kein Satz werden muss, die Sinne jedoch immer
noch, zumindest mechanisch, beschäftigt, damit sie verderben

nicht völlig, grins ☺. Keiner redete mir in mein Schweigen hi-
nein, das keine Handlungen hatte, sondern einfach in sich selber
kreiste wie ein Abwasser-/wirbel im Toilettenbecken kurz nach
der Spülung, lach ☺☺. Ihr Röckchen war sein Stöckchen und
saß knapp an der Hüfte, wo dem Gastwirt schon der Speckring

sitzt, auch er, wirklich, ohne ein Wort, grins ☺. Es war soviel
Garnichts zueinander gekommen, dass ich es wahrlich als herr-
lich empfand, diese jungen Rehe kurz vor ihrem ersten Steuer-
bescheid, mein stilles inneres Leben und die Ferne eines dröh-
nenden Krieges ohne Geräuschausläufer und Schwingungs-/po-

tenzial, zwinker ☺✋. Selbst die Video-/leinwand, die eine Falte
warf so tief wie ein Graben im eben-/erdigen Acker und einen
Teil des schrecklichsten Bildes, wie eine Säge durch den Kopf
des Delinquenten zieht und rotes rohes Fleisch zum Vorschein
bringt wie eben noch beim Metzger, der die Haxe schlägt, mit

Blicke 2.1.15 I 3.1.15 I 4.1.15 I 1.2.15

sich zur unsichtbaren Seite zog und mit Schatten bedeckte, was
Schande war, blieb ohne Ton und unverfolgt von Schrift, die
hätte sagen können, was man sieht und wie es eine Ordnung im
Verständnis (eines Menschen) findet, öde und blöd ☹. Dann sah
ich mehr und sehr genau in die Gesichter, weil sie lachten, wo

ich angeekelt von der Stille dieses wahrhaft wüsten Filmes, zu
der leise nur ein Bier-/hahn zischte und die zapfende Hand des
Wirtes geschmeidig wie die Bewegung einer Spinne, also tonlos
blieb, und so erkannte ich es dann: dass jeder auf seinem *smart-*
phone etwas anderes sah und anderes zum anderen hörte (über

einen Kabelgang vom Bild zum Ohr), schmoll ☹☹. Und auch
die blutigen Aktionen, pixelfrei und scharf wie eine Klinge, die
ins Auge schneidet, dort vor mir an der weißen Wand, die ihre
Unschuld lange schon verlor, sie waren Zufalls-/schleifen einer
Produktion, die im Hintergrund und niemals anders läuft, end-

los bis zum letzten Gast, der ich war, in diesem Kreis der Hölle,
und neben mir Vergil. ☹☠

LVIII
Wer, wenn ich weiterhin schriebe, bezahlte mich denn aus der
An-/gestellten Ordnungen? Und gesetzt selbst, es nähme einer
mich plötzlich ans Herz und erstattete mir, was ich erleide im
Wort: ich verginge im Kummer bleibender Entbehrlichkeiten.

Denn das Schöne ist nichts als des Geldes Anfang, den wir noch
gerade ertragen, und wir holen es so ins aus-/gebrannte Leben,

weil es gelangweilt verschmäht, uns zu beachten. Ein jeder Engel jedoch stellt seine Rechnung, und so verhalte ich mich und

höre endlich, endlich auf, der Klage eine Form zu geben, denn,

ach!, von wem noch werden wir gebraucht und mit Nach-/sicht geduldet? So also sprach ich, ohne mich selbst zu erhören, denn andernfalls hätte ich die Dunkelheit gewählt und das sehr lange

Leben danach. Wir glauben nicht, was wir wissen, und das allein bürgt für die Fortsetzung der Welt. Nehmen wir einmal nur die Vor-/würfe ernst, wie sie gegen Heckler & Koch, das Sturmgewehr G36 betreffend, gerade erst gestern auf-/gekocht wurden:

Oder anders: Hier (in Crautenbach, Südhessen) hat keiner die Absicht, eine Mauer zu errichten (mich freilich ausgenommen). 1.) Nachbemerkung: Ich nehme ein G36 gern, auch wenn es nach hinten abfeuert. 2.): Ich bezahle es auch, sobald es richtig, also

falsch funktioniert. Dann habe ich lange mit einem Automaten gesprochen, der *Siri* heißt und genderspezifisch nicht genau festzulegen war. Er, sie, es fragte viel, und ob ich mir denn tatsächlich sicher sei, nach dem Ausgang zu suchen, anstatt noch ein-

mal nach-/zubestellen. Nachts um halb drei legte ich auf und kaufte es ein. Immerhin, so las ich allenthalben gern, geht es der Wirtschaft wirklich ok. Auf-/bruch, wohin die Rendite auch abfließt. Das fröhliche Konsumverhalten vor allem im Frühjahr,

wo man doch noch einmal absieht von der Absicht des Winters, sich selbst ab-/zuschaffen vielleicht (weil es einfach zu teuer

wird ab, sagen wir, sechzig), vermehrt den Mehrwert immens (!).
Und eben *Siri*, wahrlich nicht zu unterschätzen. Es soll ja

schon Ehen geben, die nur deshalb keinen Ab-/bruch finden,
weil er, sie, es so wunderschön redet. Auch Geschlechtsakt-
versuche mit dem *smartphone* des Nachbarn sind schon ge-
meldet und zur nervenärztlichen Nach-/untersuchung wärm-

stens bereit. – «Ein jeder nimmt, was an Steinen ihm zufiel»[8]
(liest Klara mir vor). Dann dieses manische Vogel-/gefiepse
vom Rest-/baumbestand, technisch auch nicht ganz sauber, so-
bald ein Lautsprecher ausfällt. – «Liebste, ganz kurz nur: diese

Performance zum Thema *Heimat* ist mir eine Weich-/spur zu
lieb.» Und Schönes? Ich höre sehr gern die kreischende Säge
des Holz-/facharbeiters.

LIX

Endlos ist meine Angst vor der Endlichkeit der Liebe, Liebste,
und ich sehe uns schon alt und verkümmert sie suchen wie die
Durstigen das Wasser im leeren Krug. Es werden die Dinge
sein, die von ihr sprechen, wo wir, unserer Sprache nicht hin-

reichend mächtig, sie neu zu beleben, still sind und stumm und
nach innen gewendet dieser Stunde gewiss, die in ihrer Art nicht
wiederkehrt. Wie Steine in ihrer ewigen Zeit, so verharren auch
wir und werden warten auf den Übergang, die Fähre über den

----

8 Robert Frost.

Fluss. Hier also geht, so oder so, jeder für sich, vielleicht noch
mit der Erinnerung beschäftigt, wie es war, als der Moment in
seiner Un-/schuld lag und die Worte, die unsere Lippen sich
tauschten im Kuss, so rein geblieben sind, als wären sie gerade

erst entstanden und einzig für uns. Vielleicht auch bedauernd,
was jeder verfehlte auf eine tief ihm ein-/geschriebene Weise,
denn wir folgen keinem Leitbild und keinem Gesetz, sondern
dem Wissen des Körpers und seinem Begehren, begehrt und

vom anderen umschlossen zu sein, wie auch jedes Wort seine
Bestimmung nie im Mund dessen, der es sprach, wiederfindet.
Alle Wesen sind wesentlich dort, wo sie uns nicht mehr er-
scheinen, wie der Baum, der sich erhält von der Kraft seiner

Wurzeln und im rauschenden Blattwerk der Krone zwar immer-
fort redet, aber nie des Lebens Rätsel löst. Das wohl heißt auch,
wir sind nicht, wo wir einen Ort gefunden haben, sondern wo es
eine Leer-/stelle gab. Denn damit einer lebt, muss einer sterben,

so erzählt es uns die Alraune, bei Vollmond, zur Nacht. Und
dennoch, auch wenn sie sich stets wieder wegnimmt, die Liebe,
und haltbar nur wie Wasser ist, das kalt uns durch die Hände
gleitet: sie ist der einzige Stoff, der uns bindet an-/einander, und

immer allein in der Welt. *Und kommt es zu psychischen Erre-
gungszuständen, so werden auch wohl Notzuchtsversuche be-
gangen oder wenigstens grobe Verletzungen des Anstandes,
indem der Kranke Weiber auf der Strasse attackiert, öffentlich*

in höchst defekter Toilette erscheint oder in solcher in fremde
Häuser eindringt, in der Absicht, mit der Frau eines Bekannten
zu kohabitieren, die Tochter des Hauses vom Fleck weg zu
heiraten.[9] – «Und überhaupt: hast du dich nicht schon einmal

gefragt, ob du dein Geld für die Sterbe-/versicherung nicht mit
Werbe-/sprüchen besser verdienst als mit, nun ja, lyrischen Zei-
len? Zum Beispiel so: 2 geile Körper, eine nasse Wiese am Weg-
rand, und dann er: «Liebling, ich fürchte, ich bin heute dysfunk-

tional.» Und dann: *Wollen auch Sie solche Pannen vermeiden,*
so werden Sie Mit-/glied im ADAC.[10]

LX

Seit gestern 0.00 Uhr: die Schrift-/steller streiken. Flächen-
deckend nur noch Politikerflach-/deutsch, Fach-/vokabeln,
Werbe-/rücksprachen. Die Metaphern: zusammen-/gebrochen.
Syntagmaketten: jetzt schon für eins-/39 bei KARSTADT, Erd-

geschoss rechts. Allegorisch geht wirklich nichts mehr. Die I-
ronie, seit Sokrates beliebt und verwendet: unverständlich, in-
kommensurabel, ein Desaster auf Empfänger-/seite. Die ganze
Tropo-/logie: assoziativ bei *Regenwald* gelandet. Vom semio-

tischen Dreieck, selbst so simpel wie noch bei Saussure (als na-
ives Dual-/paradigma unter Ausschluss des Referenten), weiß
keiner mehr etwas. Es ist von der Erde ver →̇ schwunden wie
(keinen Vergleich gefunden). Aus Semiosen werden Neurosen,

---

9 Richard v. Krafft-Ebing: «Psychopathia sexualis», 1886.
10 Patentiert beim Landgericht Crautenbach: Pat.-Nr.: 22-XII-Y-00157-A.

denn wort-/wörtlich betrachtet, ist Madagaskar immer ein Ort
(«du erinnerst dich?»). O blaue Blume, ach. Doch es soll ja 3D-
Drucker geben, die alles können. Es wird Zeit, die *Offenbarung
des Johannes* zu lesen, würde ich sagen, hätte jemand gefragt.

Es fragt aber keiner. Auch gut. Kann ich eher ins Bett. Muss ja
der lesenden Rest-/Welt nicht immer meine Meinungen geigen
(diese Sprung-/trope bitte unbedingt schützen!). Überhaupt, wie
viele Kalorien mich das kostet. Ein guter Satz, und die Verpfle-

gungspauschale kommt durcheinander (sagt mir mein Steuer-
berater und rechnet neu durch). Denkt man ja gar nicht, wenn
man nicht denkt. Lo-/gisch. Subalterne Nebenausgaben, wohin
das Auge reicht. Und jeder Tag hat seine hoffnungslosen Preise.

Wer will da schon hundert werden. (Nun, will, vielleicht schon,
aber.) Doch zum Thema zurück: Wie lange bleibt Kunst-/rasen
frisch? Davon hängt immerhin ab, ob es so weitergeht, mit die-
sen Ver-/werfungen, beispielsweise, und nicht nur auf Sprache

bezogen. Der Streik hält immer noch, was er verspricht. Keine
lyrische Zeile zwischen den Börsennachrichten. Auch ich halte
durch. Nichts. Der völlige Leerlauf, wie auf dem Laufband beim
Turnschuhekaufen. – «Wozu brauchst du denn Turnschuhe?» –

«Du bist ja auch noch am Leben.» – «Zeichen und Wunder hier
allenthalben.» Dialoge indes strengen mich mehr und mehr
an. Auch, wenn sie nur aus meinem Handy kommen. Immerhin,
die Stimme ist weiblich (vorinstalliert). Und reziprozitär. Sozial-

psychiatrisch von Nachteil mitnichten. Der Tag neigt sich tief
hin zum Grund wie die vorletzte Flasche des Trinkers. Wohl
tut jetzt nur das Geräusch eines Korkens, der noch eben frisch
gezogen wurde. Auch das kann metonymisch für: *Meine Hei-
mat, / das sind nicht nur die Wiesen und Wälder* (ostpreußisches
Kinderlied) verschwendet werden. – «Aber vielleicht sind wir ja
auch nur beieinander, um zu ertragen, dass wir allein sind.»

LXI

Auch wenn am Ende alles endet im Anfang, folgt jeder Weg
anderen Wegen wie die Linie den Linien im zersplitterten Glas.
Und was uns erscheint nur im Rätsel, ist schon Bestimmung und
eingeschriebenes Gesetz, denn wir wissen nicht, was wir wissen.

Aber wir sehen die Zeichen sehr wohl, nur, was sie bedeuten, ist
schwer zu entziffern. Und wir versuchen es, immer. Vielleicht
aber gibt es auch gar keine Schiffe, keine Flüsse, kein Meer. Der
Bosporus: ausgetrocknet. Mein heimischer Gastwirt am Hafen,

der mir *Ich dir besorgen gute türkische Frau und du bleiben hier*
versprach, um mir länger als noch gesund seinen Raki unter die
Mütze zu kippen: ausgewandert. Der Mondschein: blasser als
regulär. Die Abendsterne, der Geruch nach Minze: ein einziger

Ausfall. Warum auch sollten sich die Dinge für mich und mei-
nen Liebes-/abgrund aufbewahren, wenn die Blicke das Schöne

Blicke 6.5.15 I 7.5.15 I 30.5.15 I 4.6.15

ohnehin nicht finden? Ist es Tragödie der Sprache oder nur be-
liebige Natur? Also: Komm!, ins Geschlossene, Freund-/in!

Denn was wir Liebe nennen, ist nichts als eine Folge von Inten-
sitäten. Wir wollen spüren, dass wir uns spüren, und so erscheint
die Idee. – «Wo, sag mir, bist du, während ich fürchte, dass es
dich nicht gibt?» Real ist nur das Reale. Oder, eben, ich träumte.

Die Zeitform des Verbs ist entscheidend, der richtige Abstand
zum Wunschbild. Aber noch kann ich dich sehen, wann immer
ich will, mit geschlossenen Augen. Pjöngjang: Der Ver-/teidi-
gungsminister Hyon Yong Chol sei, wäre, ist, so drängt sich mir

ein Video-/clip vom PC-Hintergrund mitten in diese Zeile, die
sogleich auch zer-/fetz-/te, hingerichtet worden, mit einer Flug-
zeugabwehr-/rakete, vor auserwähltem Publikum. Und noch ehe
ich das Fenster wieder schließen konnte, das versehentlich auf-

sprang, da ich es (offensichtlich) nicht fest genug zu-/zog, um
zu meinem Gedicht zurückzukehren und zu retten, was zu retten
war, lief der Film auch schon ab. Nein, noch nicht von der apar-
ten Art des Tötens, die ihre coolsten Zeugen lockt, auf ihrem End-

gerät auf Start zu drücken, wie der Henker seinen Knopf bedient,
jedoch von einer Creme im Werbe-/block davor, der in zehn Se-
kunden sagt, dass sie *historisch* sei. Ich lief ins Bad, und ja: sie
fehlte schon sehr, meine NIVEA-Kur (nach der Rasur). Und nur,

weil er kurz einmal eingenickt war, zur Militärparade, der De-
linquent (den keiner kennt), bin ich erinnert. Aus und vorbei,

von Schostakowitschs Walzer die Nummer zwei. – «Du bist so
schön, wenn dir die Worte fehlen.» – «Noch ein kluger Satz, und

ich rufe dich nie wieder an!» Dann hielt ein türkischer Wahlbus
vor meinem Fenster und sagte mir endlich, endlich die Wahrheit:
Es gibt keine Liebe / danach.

LXII / LXIII / LXIV

Ein Hund vom Wachdienst erkannte mich wieder, eine Spinne
in ihrem Netz erkannte mich wieder, ein Regenbogen, ein Rest-
müllbehalter, eine Reinigungs-/fachfrau erkannten mich wieder.
Es erkannten mich wieder: ein Angler und seine Würmer zur
Täuschung der Fische, und ein Fisch, der nicht anbeißt, weil er

diese Täuschungen kennt, eine Ratte mit Kriegsschifferfahrung,
ein Delphin, der auf Empfehlung des *guide books* rechtzeitig
hochspringt, sobald reiche Russen[11] in Sichtweite baden, die
Algen im Netz, die Gräten auf einem Teller, Gret-/chen aus
Goethes Faust, 1. Teil, der ich noch beiliegen konnte, ehe ich

wegfuhr, überhaupt, fast nur Frauen (erkannten mich wieder).
Das Kopftuch der letzten Begegnung, die echte Rolex, die mir
ein Händler für umwerfend günstige neunfünfundneunzig ver-
machte, und alle Adressen, Visitenkarten, Freundschaftsver-
sprechen erkannten mich wieder. *du bist beslozzen / in mînem*

herzen erkannte mich wieder, die Briefe, Karten, Zet-/tel, auf
denen meine Alpträume stehen, erkannten mich wieder, und die
Bücher der Theorie, und die Bücher, die ins Gefühls-/dasein

---

11 u. a.

sinken, und die Bücher, die gar keine sind, sondern *recyclete* (Scheiße). Die verlorene Zeit erkannte mich wieder. Mein Alter

erkannte mich wieder. Die Schmerzen überall und an allem erkannten mich wieder. Der Ekel erkannte mich wieder, und der Überdruss, und die Müdigkeit. Die Gegenwart, die immer blind sein würde, erkannte mich wieder, und die Un-/endlichkeit der Zukunft, und das Begehren nach dem Begehren, und die verlo-

rene Vergangenheit erkannten mich wieder. Alle Verfehlungen erkannten mich wieder, alle Hinfälligkeiten, Verlorenheiten, Spaltungen erkannten mich wieder. Dein Blick erkannte mich wieder, und wie er gefangen war in meinem Blick, der gefangen war in deinem Blick und immer so fort. – «Ich kann nicht ge-

hen», erkannte mich wieder, und: – «Ich kann nicht bleiben», erkannte mich wieder. – «Ich kann nicht sein und nicht nicht sein, vor allem aber nicht nicht unterwegs sein», erkannte mich wieder. – «Jeder Stillstand tötet mich ab», erkannte mich wieder. – «Diese Welt, wie sie ist, ist nicht zu ertragen», erkannte mich

wieder, und: – «Ich werde subversiv handeln bis zur vorletzten Patrone in meinem Füllfederhalter».[12] Aber auch: – «Ich werde müde sein und fallen», erkannte mich wieder. Meine Dauerverzweiflung erkannte mich wieder und mein Mangel an Hoffnung. Aber auch die Lust am Exzess, am bewegten Moment, am Sein,

das sich selber erkennt, erkannte mich wieder. Es erkannte mich ebenso das alles wieder, was ein Grund gewesen sein musste, zu überleben, das auch ein Grund hätte sein können, nicht zu über-

---

12 Die letzte brauche ich für mich (!).

leben. Die Geschichte erkannte mich wieder und die Geschichte in der Geschichte, die *ich* bin. Die Fragen und die Antworten,

die neue Fragen ergeben, erkannten mich wieder. Die Wahrheit erkannte mich wieder, die mit jedem Satz, der logisch endet, eine andere ist. Die Lüge und das Verschweigen und das Verleugnen und das Verdrängen erkannten mich (besonders gut) wieder. Die Verwerfung des Signifikanten, der ein Ort im Anderen ist,

erkannte mich wieder. Die Unwahrhaftigkeit, von der wir nichts wissen, und mein Unbewusstes im Bewusstsein der Rede erkannten mich wieder. Die Rhetorik der Vermeidung erkannte mich wieder. Meine Masken erkannten mich wieder. Mein zer-/sprungenes Subjekt erkannte mich wieder und sah zu, wie ich mir selber

ein Streit-/fall ohne Auflösung war. Ich liebe mich schlecht, erkannte mich wieder: – «Aber dich kann ich lieben (!).» Alle Widersprüche erkannten mich wieder, vor allem alle Elementarwidersprüche. – «Es gibt keine Lösung», erkannte mich wieder, da auch das Gegenteil des Wahren zum Wahren gehört (und das

war die sicher schwierigste Spiegel-/erkennung an und für sich). Der Abgrund, in dem alles aufscheint, erkannte mich ebenso wieder wie der Anschein, der Abgrund sei nicht real. Die Illusionen erkannten mich wieder, die Phantasmen, die Erwartungsbilder und deren hysterischen Besetzungsobjekte. Alle Erregungen

gen erkannten mich wieder. Alle Zeichensysteme zur Erfassung aller Erregungszustände erkannten mich wieder. *Google* erkannte mich sowieso sofort wieder und sagte mir, was ich über mich

noch nicht wusste. – «Alle Tage sind gezählt», erkannte mich
wieder. Mein Hörsturz vom vergangenen Jahr, die Furcht zu er-

blinden und der Tod (vor Augen), der mein Adressbuch derart
verkürzte, dass ich es fast nicht mehr wiedererkannte, erkann-
ten mich wieder. Die falsche Sprache und dein plötzliches Ver-
stummen am Telefon und ein Geräusch von unterdrücktem Wei-
nen erkannten mich wieder, die leeren Rakiflaschen, die Scher-

ben umgestürzter Gläser, die viel zu vielen Zigaretten-/reste
(von einem, der gar nicht mehr raucht/e). Die Demonstranten
am Taksim erkannten mich wieder, und die Gewalt, die mich
an etwas erinnerte, das ich erlebt haben musste. Der Krüppel
erkannte mich wieder, der aus seinem Rollstuhl gestoßen und

getreten wurde, und die Polis, die mich an etwas erinnerte, das
ich erlebt haben musste, erkannte mich wieder. Die verlorene
Kindheit der verlorenen Kinder erkannte mich wieder, ihr Hun-
ger, ihr böser, erwartungs-/loser Blick. Der Luxusliner AIDA
erkannte mich wieder, der hell erleuchtet am Kai von Kadiköy

vor Anker lag, bis alle alles eingekauft hatten, was gerade preis-
wert auf der Stange hing. Und ein Wachhund erkannte mich
wieder, und eine Spinne in ihrem Netz, und ein Regenbogen,
und eine Amsel oder eine Drossel oder eine Nachtigall gar. Und:
– «Nichts hat sich verändert, aber alles ist anders», erkannte mich

wieder. Und: – «Es sterben immer die anderen», erkannte mich
wieder. Dein Bildnis auf meinem Schreibtisch, wie ich es ange-
sehen und weggeräumt und wieder angesehen habe, geliebt und

nicht geliebt und dann doch wieder angesehen habe, erkannte mich wieder. Und mich erkannte ich wieder, wie ich an all dieses dachte und ratlos in die Ferne dieser Landschaft sah. Meine Nichtig-/keit erkannte mich wieder, mein unsinniges Weiterschreiben, mein unsinniges Veröffentlichen-/wollen, meine Scham vor der Schamlosigkeit des nicht Aufhören-/könnens, diese Eitelkeit, am Leben zu sein. Und etwas anderes noch, das

mich leider auch nicht erfreut. Leibniz schrieb etwa fünfzehntausend Briefe, aber keiner hat mich erreicht. Da kann man sich sehr, sehr vernachlässigt fühlen. Oder die Post war im Warnstreik wie itzo die Bahn, dann entfällt die Beschwerde (stillschweigend). Zu einem weiteren Grund, die Gegenwart scheuß-

lich zu finden: es ist Mai, aber nirgends eine fröhliche Landkuh. Nur stumpf hustende Hunde auf der Suche nach ihrem Stammbaum. Ich weiß auch nicht, irgendwie *uncool*, dieses osmanische Ausland. Doch Strafe muss sein, wenn einer mit meinem Passbild im Impfpass auf der Flucht vor sich selbst ist, und egal jetzt,

ob die Turnschuhe nach Fußpilz(en) riechen oder nach Erd-/nuss. – «Weißt du, dass du mir noch nie *Ich liebe dich* sagtest, obwohl es so leicht ist wie: *Ich nehme den Bus?*» Aber noch einmal zu Leibniz: auch er tot. Es sind ja so viele schon von mir gegangen. Ich weiß wirklich nicht, warum gerade ich so von Anbeginn da

bin. Die Antike, ok. Aber ab Augustinus: das reine kognitive E-lend (für mindestens acht-/hundert Jahre). Ach, war ich einsam. Dann das *Philososophische Quartett* aus einer recht hübschen

Fabrik im alten Ostblock für ein paar gute Jahre (eingestellt und abgeschaltet, weil die Zuschauerquote unterhalb der zwei

plus zwei Teilnehmer lag). Da haben wir es wieder: *Ich*, eine dauernde Ein-/zahl, zähle einfach nicht (mit).

LXV

Wenn jeder auf der Flucht ist, ist die Flucht keine Flucht mehr, dachte ich (joggenderweise, um in sieben Jahren sechsundsechzig zu werden), vorbei an einem Gartenarbeiter, der mit der linken Hand eine Wiese besprenkelt und mit der rechten sein Handy bedient, um Kurznachrichten (?) irgendwohin (?) zu versen-

den und sich selbst zu beweisen, dass er tatsächlich ist, wo er ist, vorbei an einem Taxifahrer, der mit der linken Hand eine Autotür öffnet und mit der rechten sein Handy bedient, um zu sehen, ob er sich von oben, von einem Satelliten aus, sieht, vorbei an einem Kellner, der mit der linken Hand das Wechselgeld aus

seiner Brieftasche fingert und mit der rechten sein Handy bedient, um die E-mails zu *checken*, vorbei an einem Liebespaar (?), das eng umschlungen auf einer Bank sitzt und sich an der linken + linken Hand hält, um mit der rechten + rechten besser seine zwei Handys zu bedienen, herumzuspielen wie andere an

des anderen Geschlecht, vorbei an einer Schaufensterpuppe, die in der linken Hand einen Telefonvertrag hochhält und mit der rechten ihr Handy bedient, um gleich einmal durchzuklingeln beim neuen Netzanbieter: 0053 – 47 22 65 14 (Vorwahl 0090, vom deutschen Leser aus betrachtet), vorbei an einer Fensterscheibe, in deren Spiegel ich mich laufen sehe, immer auf der Flucht vor der Flucht, die linke Hand frei und in der rechten, um Musik abzuspielen, die mich ablenken soll von meiner gnadenlosen Anwesenheit an und für sich, aber das komplettieren Sie jetzt bitte schön selbst. Und das Laufen war ja auch nicht nur ein

Laufen an und für sich, sondern die Vermeidung, an einer Stelle zu sein, und das war die Verneinung des Ortes an und für sich, denn an und für sich möchte ich immer mit dir sein, aber da wir beide stets unterwegs sind, ist ein Treffen in einem einzigen Satz, der uns auch beiden gehört, nur sehr selten möglich, und

rechts von mir fuhr eines der Containerschiffe an mir vorbei, in deren Untergeschossen, so erfuhr ich es an einem der traurigsten Tage, Flüchtlinge kauern, in der linken Hand eine Wasserflasche und in der rechten eine Seefahrerkarte (die natürlich auch wieder nur ein *smartphone* ist), für den Weg nach Europa, wo jeder, ausnahmslos jeder über ein bis zwei Handys verfügt, und wahrlich, ich sag euch, dann zog ein Schwarm böser Krähen gleich einer Gewitterwolke über uns hin, der alles finster machte und schwarz für die Sekunde des Todes, und es waren gekommen die Zeichen der großen Verwerfung, und so lief ich und lief ich (mir selber

davon). *Denn es gibt keine wirklichen Orte, an denen wir der Sehnsucht nach dem Unmöglichen auch wirklich entkommen,* dachte ich noch.

LXVI

Wenn ich jetzt, von einem Terrassencafé in Mardin, einer von
Kurden, Türken und Arabern besiedelten Kleinstadt hoch in den
Bergen Südanatoliens, auf die Tiefebene Mesopotamiens blicke,
die sich im Unendlichen verliert, ohne eine Linie zwischen

Himmel und Erde, Gebirge und Flachland zu bilden, und die, im
flirrenden Lichtspiel der Sonne, alles, was dem Auge erscheint,
in-/einanderfließen lässt wie auf einem Gemälde Monets, dem
sanften Flug der Schwalben zusehe, die in Scharen sirrend durch

die Lüfte stürzen, die Stille höre, mit der jeder Ton sich wieder
verschließt, sobald er erklungen ist, einem Straßenhund, der sich
in einer Selbstverständlichkeit mir zu Füßen legt, als wären wir
schon immer in gleicher Richtung unterwegs und unzertrennlich

in einer Welt, die von Trennungen hauptsächlich handelt, über-
kommt mich, in diesen Augenblicken des Glücks, das paradoxe
Gefühl, Opfer eines grandiosen Betruges der Bilder zu sein und
einer Szene von obszöner Harmonie. Denn nur zwanzig Kilome-

ter von diesem Standort entfernt beginnt Syrien und damit das
Reich des Krieges und der Toten. Auf einer staubigen, zerlöcher-
ten Straße, die parallel zur Grenze verläuft, war ich noch gestern
unterwegs, in Fahrtrichtung links leere Dörfer, verbranntes Gras,

rechts der Stacheldrahtzaun, Wachtürme, trockene Erde, taubes
Gestein. Vergil bringt uns auf eine Anhöhe, von der man einen
weiten Blick auf das Land hat. Er zeigt auf einen kleinen, fun-
kelnden Stern in der Ferne, vor dem Hintergrund dieser weiten,

Blicke 8.6.15 I 9.6.15 I 9.6.15 I 9.6.15

in viele Varianten von Gelb geordneten Fläche nicht größer als
ein Kieselstein vor uns im Sand. «Das ist eines der Flüchtlings-
camps, in denen Tausende auf ihre Abschiebung in einen ande-
ren Teil des Purgatoriums warten», sagt er. «Eng beieinander

und mit derben Stricken an scharfkantige Masten gefesselt oder
aufgehängt kopfunter und mit den Gesichtern im Unrat der Tiere.»
Wir kamen näher heran und erkannten uns selbst in den Augen
der Elenden, und ich hatte mich schuldig gemacht, diese Stille zu

stören, die eine Totenstille war, eine Stille, die keine Hoffnung
mehr zulässt, oder man lügt. – Tage nur später werde ich lesen,
dass ein Spreng-/satz an eben jenem Ort ex-/plodierte und uns,
Vergil und mich, mit sich in die Leere riss, und ebenso den Hund,

der treu in meinem Leben stand wie nichts anderes sonst. So also
war ich ins Land Abrahams gekommen, des Vaters aller Väter,
und «Abraham nahm nun seinen Sohn Ismael sowie alle in seinem
Haus Geborenen und alle um Geld Erworbenen, alle männlichen

Personen vom Haus Abraham, und beschnitt das Fleisch ihrer Vor-
haut noch am selben Tag, wie Gott ihm befohlen hatte».[13] Und ich
dachte mit dem Satz eines anderen: *In der Zeit des Verrats / Sind
die Landschaften schön.*[14]

---

13 1. Buch Mose, 17/23.
14 Heiner Müller.

LXVII

Klara wurde, von einer zur anderen Stunde, sehr hässlich. Sie
hatte ein ganzes Jahr gelogen, und das bestraft die Natur. Nein,
sie log von einem Moment an, der dreihundertzwanzig Tage
und, ich rechnete nach und blätterte in meinem zerfledderten

Kalender, der so sehr vernarbt war mit seinen Palimpsesten der
Überschreibung wechselnder Zahnarzttermine und Sozialnöti-
gungen wie sonst nur noch mein zerschlissenes Herz, neunzehn
Stunden und ein paar dumme, zerdrückte Minuten zurücklag.

«Ich kann so schwer *Ich liebe dich* sagen», sagte sie hübsch
mit ihrem rosa runden Mund voller Kirschen, an dem noch
etwas Pflaumenmus klebte vom Frühstück im Bett, und stellte
mir drei Rosen in drei kleinen Vasen auf meinen sehr kleinen

Schreibtisch, der schon lange keinen Zweck mehr erfüllte. Eine
war rot, eine war weiß, und eine verlor viel zu früh ihre Blätter
und sagte die Wahrheit. Doch anstatt ihr zu glauben, wechselte
ich mehrfach das Wasser und frischte sie, so wie auch ein Ver-

rückter den Wahn seiner Bilder verteidigt, immer wieder neu
auf mit Nahrungszusätzen vom Biobauern schräg gegenüber.
Mit Doping hatte ich schon viele gute Erfahrungen gemacht,
sonst hält man als Lyriker nicht durch. Gewiss, eine Karriere

wie die Tomate (oder die Tulpenzwiebel oder der Webstuhl),
mache ich nicht mehr, soviel war mir auch im Rauschzustand
klar, aber es ging mir ja niemals nur um die Schrift, sondern
immer auch darum, ob sie, wie der Alkohol die Leber, das Le-

ben vergrößert, und ob etwas so Wunderschönes in mein Lust-
zentrum fällt, wie Klara mir in die Augen gefallen war an einem
Tag im November, und dort dann auch blieb, metaphorisch be-
trachtet. – «Sag es», sagte ich, «sprich es aus», sagte ich. – «O
nein», sagte sie, «aber hier sind die Zeichen.» Ich hätte, nun ja,
doch zu spät, auf Lacan hören sollen, dass jeder Wille durch die
Schleusen einer Sprache muss, durch den engen, engen Engpass
des Signifikanten, Liebste. Gut, du warst schon auch ein wenig

dicker geworden in den Zonen weiblicher Probleme, das müssen
wir sagen, als noch am Anfang der Liebe zu etwas, von dem wir
beide nicht wussten, wem es gehört, wo du nun wirklich Propor-
tionen hattest, wie von Michelangelo höchstpersönlich gemalt. –

Aber jetzt auch nichts gegen Rubens. – Nur eben diese Sache
mit dem: «Du musst das Wort sprechen, das dein Begehren be-
nennt (!)», wird immer schwerer, wenn der transzendentale Sig-
nifikant immer mehr an Masse gewinnt, weil er sich so sehr im

Begehren des anderen gefällt und vergisst, dass er nichts
ist (mein falsches Gold, mein tiefes Herz).

LXVIII

Wie du das telefonisch hinbekommen hast, uns die Worte von
Dauer vor die Füße zu werfen, wie man auch zum Abfall in der
Küche wirft, was faul am Boden der Obststiege liegt, so streng

im Ton, wie deine Haare hart im steifen Scheitel liegen und in
sich selbst nochmals verknotet, das macht dir kein Ratgeber in
keiner Übungsstunde nach. Der Abgang war schon immer deine

Stärke in der Liebe, die sich niemals wirklich findet, und ich, ein
zer-/split-/terter Körper aus Glas, der gern aus abgekühltem Ei-
sen wäre, meine jetzt, dass, wenn sie denn erscheint, weil auch

Wunder durch die Städte kommen und das Rätsel dir vor Augen
steht, du sie nur geschehen lässt, um im Gehen sich zu üben, im
gewaltigen Verzicht. Ich weiß nicht viel von deiner Seele, weil

sie nie sie selber ist, aber immer schon war etwas immer auf der
Flucht. Vielleicht ist Liebe nur ein leerer Augenblick, der, aus
Einsamkeit geformt, mit einem Wort sich füllt, so wie die Vase

eine Rose hält, die ein anderer brach. Aber dennoch ist sie, bei
aller Verkennung, das einzige Schöne, und ihr zu erliegen ist
der reinste Wille, den wir haben. Dein Anruf, so nebenher und

auf dem Weg zum Supermarkt, war dann des Ganzen Schatten-
seite, die Wahrheit der Nacht, Erschöpfung, die unsre Leiden-
schaft am Ende ihrer Leiden zeigt. Die Sprache glaubt sich

selbst nichts mehr und taugt noch gerade zur Komödie. Also,
eine SMS mit drei herz-/zerreißend simplen Worten, mytholo-
gisch vor-/gezeichnet, wie sie sind, wäre durchaus hinreichend

gewesen, und keine Silbe mehr. Denn dem Absoluten kann
nur noch folgen, was absurd ist. Dem hübschen Falter gleich,
der zum Lichtschein einer Lampe fliegt und dort verbrennt, wo

er das Glück schon kommen sah, so zerfällt auch die Idee zum
rüden Gestank des Realen. Wie lächerlich die Hoffnung war, es
gäbe mehr als nichts im Nichts der Dinge. Und währenddessen

ich all dies denke, geschieht so elend viel und ohne Liebe im
Entwurf. Denn nicht nur die Flüchtenden, von denen die Meere
sich nähren und die ersticken wie Vieh im Viehtransport über

die Grenzen, die es nur noch in Atlanten alter Jahrhunderte gibt,
sind ruhelos und auf der Flucht, nicht nur die Schwarzen, nicht
nur die Elenden – wir, alle, haben einen Ort verloren, den kein

anderer ersetzt. Daran ändert auch die Ewigkeit nichts, mit der
die Ingenieure des Fortschritts wie im Fieberwahn verhandeln.
Ich habe meinen Todesplatz gewählt, drei Worte nur, in einem

Satz. Also, wie du das geschafft hast. Ich bewundere dich. So
am lebendigen Leben zu operieren und mit stumpfem Skalpell.
So einfach mir ins komplizierte Fleisch zu schneiden, ins große

Geheimnis, ins Ein + Alles meiner Tage.

Blicke 13.7.15 I 21.8.15 I 27.8.15 I 30.8.15

LXIX

Es sind noch so viele Zeichen aus deinem Leben in meiner Zeit,
dass ich nichts mehr berühren kann, ohne nicht erinnert zu
werden, wie es war, was später ungültig wurde. Lange, goldene
Haare, zwischen den Büchern, die wir am selben Tag liebten.

Schwarze Haare. Rote Haare. Ich habe ihre Farben vergessen,
ihre Namen, ihren Geruch. Erinnerst du dich, an welcher Stelle
wir in Dantes *Göttlicher Komödie* stehengeblieben sind, weil es
dir so gefiel, den letzten Zug, der gar nicht mehr fuhr, nicht zu

verpassen? Waren schon gehäutet und gehenkt, die mit der
Sprache falscher Münze zahlten? War schon der Schmerz mit
Schmerz getilgt? – Bitte, rufe noch einmal an wie in Zeile 1 bis
3 ein Gedicht weiter oben, dann kann ich auch mein Schweigen

wiederholen, meinen plötzlichen Tod. – Als wir Mahler hörten,
am Bosporus früh um halb sechs, und das Wasser erwachte mit
seinen bleiern treibenden Schiffen, und der Mond war gesunken,
und die Sonne stieg in den Tag, o nein, das wird mir jetzt zu du-

selig gerade, und ich schreibe dir nichts mehr, und ich antworte
auf nichts mehr, und ich erinnere nichts mehr, was dich und
mich für immer verband. Das Meer war voller Tränen, der auf-
gepeitschte Fluss, und alles nur, weil du so fern in meiner Nähe

warst, am fremden Ufer, früh um halb sechs. Es gibt eine Ruhe
in Mahlers Vierter, die uns immer ein Ort war, bis zu diesem
Moment, der aus Seide war und riss. – Mach einfach noch ein-
mal Schluss, liebstes Herz, damit ich es fühle, ob alles Gefühl

schon herausgebrannt ist / aus meinem Gefühl. Was die Liebe hinterlässt, wenn sie fort ist, gleicht einem verwahrlosten Rastplatz eilig aufgebrochener Touristen, einem Schlacht-/hof, einer leeren Landschaft im Winter, die nur noch von Krähen bewohnt

wird. Die Zweisamkeit der See-/le und einer See-/le. Was für ein Wort, unendlicher Vater, und wer darf es sagen (?). Aber es gibt auch eine gute Nachricht in diesen Tagen: Der Ölpreis ist so niedrig wie nie, und überhaupt, hier ist die Welt noch in Ordnung.

Der Mais gammelt schon etwas, zeigt schwarze Flecken des Alterns im Blatt. Aber sonst? Nichts, was aus der Reihe tanzt, solange der Fernseher aus bleibt und die Zeitung ungelesen in ihrem Ständer steht. Aber dann wäre noch immer das Problem

mit Frau Müller, die plötzlich aufgescheucht wie eine Furie vor der Holztür meiner Haustür steht: – «Wir müsse jesch augnblücklisch den Wasserschtand des Jahres messe, kumm se nur ebbe ma runner davor.» – Im Odewald!, im Odewald!, da wird dir schnell

der Hode kalt! – Ich hätte es glauben sollen.

LXX

Frau Müller, jetzt am Osthang und mir angenehm schräg gegenüber, hat 2 blonde Töchter, die ihrerseits 2 schon ältere Söhne und 2 noch jüngere Töchter haben, von denen nur die Hälfte miteinander spricht. Eine blonde Tochter, 2 Häuser von Frau

Müller entfernt, spricht nicht mehr mit Frau Müller. Die andere blonde Tochter und deren 2 Söhne, nur 1 Haus von Frau Müller entfernt, sprechen mit Frau Müller, aber nicht mit der einen blonden Tochter 2 Häuser weiter von Frau Müller und nur 1

Haus weiter von der einen der beiden blonden Töchter. Auch die 2 Töchter der einen blonden Tochter sprechen nicht mehr mit den 2 Söhnen der zweiten blonden Tochter. Die 2 Männer der 2 blonden Töchter sprechen ebenfalls nicht mehr miteinander,

aber der eine Mann der einen blonden Tochter spricht mit Frau Müller, nicht aber der andere Mann, der auch der Vater der 2 Töchter ist, die mit Frau Müller ebenfalls nicht sprechen. Es ist nicht überliefert, wann die Ent-/zweiung der einen Familie, die

einen Berg für sich alleine bewohnt, begann, noch, was dafür der Grund war. Vermutungen allenthalben. Man habe verabsäumt zu grüßen. Oder: Frau Müller habe nur der einen blonden Tochter einen gereiften Käse geschenkt, nicht aber der anderen, die

auch Müller heißt, weil sie einen Mann namens Müller geehelicht hat, der aber mit Frau Müller weder verwandt noch verschwägert noch in irgendeiner Linie auf gleicher Ebene liegt. Oder, oder, oder. Es ist eine Sippschafts-/tragödie von wagne-

rischer Dimension, irgendwann mythisch geworden. Um was geht es? Es geht um nichts weniger, Zitat Ernst Bloch im Gespräch mit Adorno, als «um die Wurst (!)»[15]. Gewiss, nicht die Wurst an und für sich ist gemeint, aber das unendliche Gleiten

des Signifikanten deutet auf etwas von Wichtigkeit hin. Die Ahnung einer Ahnung von Etwas, mehr ist vom listigen Land-

---

15 SWF, 6. Mai 1964.

volk eher nicht zu erwarten. Immer eine Speckschwarte unter der Hose, und die Peitsche kann knallen. Das sind so Reflexe, unwillkürlich, vom Bauernkrieg über die Rinderaufzucht genetisch weitergetragen. Frau Müller reinigt die Polster im Golf. Das Sägewerk leiert den Tod durch die Bäume. Erste Pfützen von aufgeplatzten Pflaumen schleimen die Landstraße voll.

Im Maisfeld riecht es nach Gülle. Eine Wildsau raschelt im Buschwerk und sucht einen Eber. Etwas lebt noch, und es ist schon gestorben. Der August ist immer mehr Zuckung als Zukunft. Aber das macht nichts. Ich muss sowieso mein Weltbild

verändern, meine Haltung zur romantischen Sonne, zum Freitod als einer letzten, absoluten Form. Das Unerreichbare, Klara, war wieder ein Traum.

Buch (5) – Wenn alles gesagt ist

LXXI

Es kommen die kälteren Tage. Der Geruch nach Fäulnis steigt
auf aus den Wiesen, für die es keine Verwendung mehr gibt.
Die Landschaften, sobald sie verbraucht sind, schaffen sich ab
aus eigenen Kräften. Alles naturgemäß, alles verständlich, wie

der Finger am Abzug des letzten Menschen, der nichts mehr zu
erzählen hat. Je stärker die Sonne, desto verbrannter das Gras.
Am Ende so scharf wie ein Skalpell, das vorsichtig ins Auge
der Liebenden schneidet und die Bilder von der Erinnerung

trennt. Ständig fragt sie, wie es mir geht. Ich bin gefallenes Ast-
werk in der Rinne einer Seitenstraße, durch die das Nutzwasser
ab-/fließt, der schmierige Mundfleck von rotem Lippenstift auf
deiner herz-/verzierten Mateteetasse, ein schwarzes Ereignis, für

das es keine Metaphern mehr gibt. Man müsste diese Frage, so
oder so und für immer, verbieten, unter Strafe stellen, zum hei-
ligen Sebastian an den Marterpfahl schlagen. Und wie geht es dir?
Warum fragst du nur immer Dinge, die du gerade selbst verur-

sacht hast? Erst zu-/stechen und dann mit dem Verbandskasten kommen, es widert mich gelegentlich an. Wie mein Herz, wenn es nur noch für sich selber schlägt. Ein Fraß für die Hunde, so sie es mögen. – Nein, nein, es geht mir schon wieder gut. Auch wenn es wohl ein Irrtum ist, noch da und unter den Blinden zu sein. Gestern, als ich zu Merz nach Aarau fuhr und der Zug kam an, so stolz wie ein Schwan, wenn er auf Seerosen landet, kam diese Lust in mir auf, dieses Verlangen nach absolut nichts. Sag

ruhig Selbstmord, lieber Merz, zu feige ist meine Hand sowieso. – Ja, ja, es geht mir gut, es geht mir schon wieder sehr, sehr gut, aber, bitte, frage nicht mehr, schreibe nicht mehr, denke, wenn du an etwas denken musst, weil jeder, leider auch ich, immer an

etwas denken muss, an etwas Schönes und nicht mehr an mich. Ich denke auch schon nicht mehr an mich, damit mir nicht die Stunde verdirbt. Jetzt verschwindet das Licht wie ein Keil, der sich festschlägt zwischen Häuserwand und europäischer Eibe,

die etwas noch herbstgolden glitzert. Irgendwo helle, weibliche Stimmen, die mich unmöglich meinen. Aber schön waren auch sie. Der erste Satz in meinem Notizbuch des Überlebens: *Hier fehlt nichts.* Meine erste Frage an Frau Gründli: *Wie wird der*

Abfall getrennt? Psychoanalytisch betrachtet, ist ein Zusammenhang zwingend. Ich habe noch gar nichts ge-/macht, frage aber schon, wie es ent-/sorgt werden möchte. – «Nach Aarau ist es keine so sehr lange Reise», sagte Merz, ehe ich losfuhr. – «Nach

7 Minuten bist du schon da». Und dann kam mir Robert Walser
entgegen, tief, wie auf einem der Fotos, zur Erde gebeugt, die
Hände auf dem Rücken ineinandergefaltet, langsam, langsam,
im schweren, zeitlosen Schnee.

LXXII

Besonders interessiert mich § 7, Abs. II: *Die Glaskeramikplatte*
will ab und zu mit entsprechendem Pflegemittel behandelt sein.
Sie also will (!) – wo sonst hat man das schon (heutzutage und
ab 59). Es ist also gar nicht Frau Gründli, die *Gute Seele des*

Hauses von 8.00 bis 16.00 Uhr, die hier entscheidet, wer was wie
blank putzt, die Schweizer Präzisionskochstellen haben einen
Willen höchstselbst, einen Subjektstand, etwas transzendental
Souveränes, dem der *user* sich zu fügen hat. So senden sie auch

immer gleich weiter, wenn ein Salzstreuer feucht wird oder die
H-/Milch säuert. Die selbst-/optimierten Kühe, anders als im O-
denwald, bleiben digital verborgen oder diskret im Sparangebot
des Händlers Ihres Vertrauens versteckt. + überhaupt: jeder hier

sammelt Tag und Nacht Punkte und bekommt immer auch ein
Geschenk. Kenne ich so leider auch nicht. 1 Staubsauger z.B.
ist teurer als 2, wenn man dann nur noch eine Butterfahrt nach
Lampedusa hinzubucht. Das sind so Querverweise politisch un-

bewussten Moralverhaltens, wie es auch im Überraschungsei
vorkommt, sofern einer lesen kann, was ein anderer schreibt.
Aber die Aussage ist ja nie die Wahrheit der Substanz. Halten
wir uns also an alles, was der Sprache entkommt. (Langes, dra-

maturgisch sinnvolles Schweigen. Stasis. Dann wieder dieser Lachkrampf über sich selbst, weil man sich plötzlich zu blöd wird.) Die deutsche ist und bleibt eine *schwere Sprache* hernieden. Boris B. (?), betroffenes Fettpolstergesicht, Kommentator

einer Elitefachschule für Tischtennisnahkampf – und auch er schon älter als tot –, sagte wahrlich: «Dass ich stolz, Deutsche zu sein» (Zitat Ende)[16]. Wir ahnen, was meinte er wohl. Die Andeutung, der semantische Riss, das sind ja alles sehr moderne

Verfahren, um zu verhindern, dass die Nichtigkeit sich selbst evident wird. Gut, das ist jetzt Prosa, Essay meinetwegen, aber immer so dicht am inneren Prozess entlang zu schreiben, am Abgrund fehlender Bedeutung (weil keiner mehr zuhört), das,

sagte mein Facharzt kurz vor seinem hochverdienten Ende der Sprechzeit, kann zur Gesundung kein wesentlicher Beitrag sein. Erstaunlich auch, wie lange die Sonne noch immer auf die Welt, die allmählich so gründlich versumpft, erektil reagiert. Schon

schwächer, gewiss, so angedeutet dysfunktional, wenn sie sich in Erdlöcher bohrt, in kleine Schrunden der Natur, in alte Falten, die auch kein Regen mehr ablöscht. Aber etwas f. immer noch etwas. Und wenn es ein Maiskolben ist, der abgeknickt vom toten

Blattgewebe den letzten heißen Wind erwartet.

---

16 Heute-Show, ZDF am 11. September 2015.

164

Blicke 10.9.15 I 13.9.15 I 14.9.15 I 21.9.15

LXXIII

Die Schweiz braucht eine neue National-/hymne. Dringend. Ich
verstehe das gut. Wir[17] hatten auch nur eine Melodie (ohne Text)
und fanden das äußerst ur-/komisch. *Deutschland einig Vater-*
land, so nah wie im Verschweigen dieser Zeile kam unser Land

sich nie wieder. Was müsste semantisch geschickt miteinander
verstrickt werden (?). Alpen-/grün. Heidi-/Land. Kuh-/glöckli.
Und Freiheit für die Schweizer Geldzapfsäulen. Das sollte rei-
chen. Sonst ist alles neu und beim Alten: Mangel am Mangel,

wohin das Begehren auch Ausschau nach sich selber hält. Das
endet noch hochproblematisch, wenn nichts mehr problematisch
ist und das perfekte Perfekte zum Maßstab für den Maßstab wird.
Der blaue Anzug für den Abend mit Ausgang z. B. hat dann per-

sistent zu ertragen, dass der Körper, der in ihm Platz genommen
hat, irgendwie schief sitzt. Ein zu langer Arm, ein kantiges Knie.
Die Landschaften könnten, wenn die Umstände andere wären,
so schön sein (!), so trans-/zendental (!). Aber eben: der Mensch.

Ich kümmere mich ja auch plötzlich um die Bügelfalte in meiner
Schlafanzughose, wo ich früher Lévinas las oder einfach so ab-
hing, weil der Mittwoch schon in den Donnerstag fiel. Wirklich,
wahn-/sinnig nett ist die Schweiz, aber leise ruft sie immer auch

zum Anstand auf, sich bitte besser abzuschaffen. Stichwort: sub-
jektive Stör-/faktoren (!). Mein Zahnfleisch, 1 zweites Beispiel –

---

17 Mein verlorenes Leben und ich.

die reine Hinterlassenschaft der D. D. R. Alles, bis zum blanken, kalten Knochen, abgewirtschaftet, erniedrigt und auf dem Tief-

stand. (Aber daran wollen wir jetzt nicht länger rühren, sonst bin ich angerührt zu Tode.) Was ist angenehm in dieser Stunde, die keinem Glücklichen schlägt (?). Ein farben-/froher Regenbogen über dem Lenzburger Schlosshof, der Geruch nach Erd-

beertorte, keine Nachrichten. Ich bin, wenn ich albern, dumm und zweifel-/haft werde, nervlich meistens am Ende. Einfach zum Zusammenfalten alt. Dann hilft nur noch ein *Apfel-Senf-Süppchen mit Räucherlachs*: 4 Äpfel, 1 Zwiebel, 1 ½ Würfel

KNORR Gemüsebouillon, 125 g Räucher-/lachs in Scheiben, 1 Kästchen Gartenkresse, 4 EL MAIZENA Express Saucenbinder (hell), 1 EL Zitronensaft, 1 TL Honig, 3 EL Senf, 1 ½ Deziliter Schlagrahm, 1 EL Butter. Erstens: Äpfel + Zwiebel schälen und

würfeln. Fett erhitzen und beides 5 Minuten braten. Bouillon zugießen und 20 Minuten kochen (lassen). Lachs in feine Streifen und die Kresse vom Tablett schneiden. Zweitens: Suppe pürieren, Saucenbinder (hell) ein-/rühren und kurz aufkochen (lassen).

Zitronensaft, Honig, Senf + Rahm ein-/rühren und noch einmal 1 bis 2 Minuten kochen (lassen). Drittens: Mit Kresse und Lachs deko-/rieren, und: fertig (!).Was jetzt folgt, heißt bei Lacan: *Das*

idiotische Genießen.

LXXIV

Ich lebe in der zweiten Hälfte des Winters. Die Wege ab jetzt
führen nur noch bergab. Das ist nicht immer von Nachteil, denn
vieles erledigt sich von selbst, indem es einfach seiner Schwer-
kraft folgt. Aber es sind auch die Aufstiege nicht, die größere

Mühen bereiten. Es ist die Einsicht, dass sie ohne Bedeutungen
sind, die schwerer noch als alles wiegt. Wenn die Wahrheit der
Liebe unerkannt bleibt, ist vertan, dass es die Zeit gab, sie zu
entdecken. Ich weiß, dass wir tausend Verfehlungen brauchen,

um einmal, für Sekunden nur, am richtigen Ort anzukommen,
den es nur in den Augen des einen anderen gibt. Mehr als diesen
kurzen absoluten Moment, hält das Leben für keinen bereit, und
für wenige nur wird er sich öffnen. Der Rest ist Verführung und

Illusion. – Heute, in Laufenburg bei Haller, und rechts von uns
der Rhein, der jeden Satz mit sich in die Unendlichkeit des
Kreislaufs nahm von Bildung und Verlust, und es war das Licht
des Himmels, das sich hell durch eine Wolke brach, auf eine

Stelle des Wassers gerichtet, die allein dieses An-/scheinens
wegen zu erzählen begann, und es war keine besondere Stelle,
eine von Alltäglichkeit nur, von Banalität: ein Stück morsches
Holz, von seinem Gegenstand getrennt, durch den es einmal

sinnvoll war. Doch es gab diesen Zuspruch, diese Umarmung
der Natur im Augenblick des Zeigens auf sich selbst, und ich
dachte: Was wir zur Rede bringen, wird durch die Rede erst
schön (oder es ist nicht gewesen). Und wie der Fluss kein Ende

seines Fließens findet, so findet keine Rede ihr Ziel. Nur einmal, ein besonderes Licht, ein passendes Wort, und das Vergehende wird, für diese tiefe Sekunde, dem Vergehen entrissen. Was nun wäre zu bedauern, wenn das die Höhe der Ereignisse war, und

ich hätte sie erlebt? Ich weiß, dass du wartest, um zu erfahren, dass ich warte, aber so gerade wie die Dinge im Fluss sind sie im Leben eben nicht. Deshalb, vielleicht, lieben wir das Wasser und seine einfache Beschreibung, denn was uns trennt, ist die

Sprache, die uns verbindet. Nein, ich möchte deine Briefe nie wieder lesen. Sie haben immer von etwas anderem gehandelt als von dem, was in ihnen stand. Das wohl gehört auch zur Aporie der Liebe, dass sie sich selbst kein Wort glaubt. Aber dann

sagt man es nicht. Und dann auch soll das Ding in der Strömung tot und un-/geboren in den Blicken der Lebenden sein. Und es kommen die Körper nicht zueinander und entgehen ihrem verwerflichsten Verrat, der falschen Erzählung. – Als ich zurück-

kam, war mir die Kraft nicht gegeben, auf die Bilder im Fernsehen zu blicken, die auf mich zurückblicken würden, denn auch das Sehen ist eine Weise der Schuld. Die Elenden, denen immer ein Buchstabe fehlt – nichts kann mein Unglück für sie tun.

LXXV

O zapft is. Ich habe jetzt Lust, mit der weiblichen Stimme auf meinem iPhone zu schlafen. Sie wollte doch so unbedingt, dass auf der Wiesn ich versumpfe, und nur weil mein Sender mich geortet hat, wo ich andernfalls nie hingehöre. Es rieselt der elende

Schnee, aber er, hart wie eine Kruppstahlstange, trägt die fesche Seppelhose und Feinhaarpuschel am Oktoberfesthut. Im Dirndl wartet der Kürbis auf die Karotte. Die Sau, sie will geschlachtet werden. – «Alles supi. Was mir jetzt noch fehlt, ist eine höhere

Dosis.» – «Ich wollte dir schon immer mal sagen, dass du offenbar falsch eingestellt bist.» Nichts wahrer, als die Wahrheit der Täuschung. *Dann ging ich in das Haus zurück und schrieb:«Es ist Mitternacht. Der Regen peitscht gegen die Scheiben.» Es war*

nicht Mitternacht. Es regnete nicht.[18] – «Auch ich weiß nie, ob es regnet, wenn es regnet, weil es immer auch meine Tränen sein können.» Das war ein glatter, romantischer Durch-/schuss. Ein Loch entsteht im Gewebe des Textes. Man kann sich das wie ei-

nen Wirbel denken, der alles hinabzieht, was um ihn herum an Sprache herumschwimmt. Hier wird so der Schweizer Käse gebaut. Erst die Molke, dann das Vergnügen. – «Ich habe lange nicht so ausgehungerte Brüste heiß in ihrem Körbchen liegend

rufen hören.» – «Mein Schreibtisch wird auch feucht, wenn ich so etwas schreibe.» – «Du meinst die Einsamkeit im Wort.» –

---

18 Beckett, «Molloy».

«Ich meine, seine grammatische Herkunft, die Kinder verhindert.» Im Gedicht laufe ich mir gerade selbst über den Weg (und

das ist nicht nur schön). Aber es gibt auch noch ein ernstes Problem. Denn *der siebte Tag werden wir selbst sein.* So steht es bei Augustinus. Denke ich. Das kann man im Rück-/zug nach Z., wo die Schweizer Trinkergarde vorzugsweise wenig denkt,

naturgemäß nicht bringen. Ja, ich nehme auch noch ein Feldschlöss-/li. Zu scheitern ist das Normale. Dennoch. Ich hasse dich, mein liebstes Herz. Wozu, mit wem wir eine Bindung finden. Ich weiß nicht, wo. Aber ich sah eine Kugel aus Stein, in

die hinein geschlagen zwei Körper zueinander kamen, wie auch die Welle, die an einem Felsen bricht, zu einem Kreis sich rundet. Das war das Ganze. Und unzerstörbar in sich selbst begründet gut. Doch ebenso im Linienriss der zwei Figuren, die immer

einsam auch im Eins-/sein bleiben, getrennt von Schlaf und Traum und Tod, war diese Kugel brüchig und zu spalten. So lagen dann, in ihrer halben Form, die Liebenden, und sie erkannten sich nicht wieder. Gern würde ich mehr darüber sagen. Doch wie gesagt,

ich weiß nicht, wie.

LXXVI

Ich habe zu viel Geld im Moment. Es macht mich nervös. Gestern. 7 Franken 20 kostet 1 Bier. Ich aber hatte zehn 80. Mehrwert verwirrt meine Seele. Die Orientierungen, grob betrachtet,

fallen dann flach. Ich habe lange gebraucht, um nur wenig zu brauchen. Mein Grab soll aus Stein sein, das wäre vernünftig. Aber sonst. Nichts zerstört die Ereignisse mehr als eine Form,

die sich selbst zu einem Abschluss bringt. Das habe ich so oder so ähnlich gerade gelesen. Auch die Sportberichte. Sie laufen täglich ihre Bahn. Und laufen, und laufen, und laufen. Was mir

schwerfällt in der Schwyz, ist, an denselben Sachen zu leiden, an denen ich leide, wenn ich nicht in der Schwyz bin. Es gibt Gründe, immer wieder. Berechtigungen. Aber. Das Land ist

einfach zu chic. Schmutz, der allgemein ärgerlich wird, macht fast nur das Suppenhuhn, wenn es nicht passgenau zum Kochtopf passt. Meine Einsamkeit aber ist auch hier ein öffentlicher

Ort. Wie eine Toilette. Nur ohne Münzen, die auf einen Teller voller Münzen fallen. Es ist doch ein Wunder, immerhin, dass wir uns getroffen haben, heute vor genau einhundert Jahren. Da

gibt es so viele elende Menschen, die zufällig hübsch sind, und dann das: du + ich, ineinander versunken, den ganzen Fluss abwärts. – «Meinst du, wir sind tatsächlich älter geworden?» –

Blicke 28.9.15 I 29.9.15 I 18.10.15 I 9.11.15

«Gut. Vielleicht ist vieles langsamer jetzt. Das Eindringen in deine weiche Substanz.» Doch es gibt eine Grenze, von der an alles auf seinen Anfang zurückfällt. Und sie hat mit einem Anspruch zu tun, der sie ablehnt. Geld stinkt natürlich. Es ist widerlich. Wer das Gegenteil sagt (klassisches Sprichwort), verbreitet denselben Geruch. Gleich + Gleich bestellt sich gern

(klassisches Sprichwort). Das habe ich erst kürzlich in einer Suhle für wilde Schweine haargenau beobachten können. Wie sie im Dreckloch wühlten auf der Suche nach Silber. Der Wald

ist so geizig. Dann lieber gleich Züri und ein Geheimfach eröffnen. Erzählte ich schon, dass mein neuer Zahn in der Herstellung liegt und auf meine Zahlungspflicht wartet? Aber das

kann auch ein Nebensatz bleiben. Im Grunde ein Fall für die Fußnote. Jedoch, mein Schreibprogramm sucht plötzlich mehr Liebe und blockiert ^{Fußnoten.} Ich verstehe diese Welt / nicht mehr.

Und sie mich nicht. Da kann ich mir mich selbst als Rätsel aus der Hüfte schneiden, sooft ich es will: absolut nichts. Möglich, dass ich morgen wieder erwache. Aber wie, Herr, dann weiter.

Meine Hoffnungs-/losigkeit ist verbraucht. Meine Angst ist die Angst, keine Angst mehr zu spüren. An meinen Händen halte ich mich fest, sobald die Erinnerung aus dem Wald heraustritt.

Ich war so lange ohne Schuld. Vor der Geburt.

LXXVII

Warum sich nicht selbst einmal Liebespost schicken. Wenigstens weiß man dann besser, welcher Satz fehlt. Andererseits. Jeder ist sich selbst der Fernste. Beispiel. Greta, Freundin von

Lisa[19], war immer unterwegs und auf der Suche nach, wie sie sagte, «sich selbst». Eines Tages, es war ein grauer Novembernachmittag im Jahr der Schmetterlingsblüte, war sie verschwun-

den und wurde nie mehr gesehen. Sie fand sich sicher tatsächlich. Nur eben der Anblick war unschön. Briefe kommen auch, wann sie wollen, und kehren dann zu ihrem Sender zurück. Er

mag es ahnen (oder auch nicht). Es sei denn, er schickt leeres Papier. Der Bestimmungsort ist für uns alle der gleiche. Da beißt die Maus kein Fäd-/chen ab. Jeder ist an der Reihe, sobald die

Reihe ihn erreicht. Auch Gott, von dem die Rede geht. Ich glaube, ich glaube an nichts. Zu viel Ost-/verwandschaft. Schicksalsrückschläge. Jedenfalls habe ich ihr heute geschrieben, dass ich

ihr morgen erst schreibe. Heute nicht. Es regnet. – «Nicht schon wieder das Beckett-Zitat. Bitte, bitte, nein (!).» Gut. Lassen wir das. Ich bin merkwürdig heiter. Irgendetwas stimmt daran nicht.

Den Anlass kann ich nicht finden. Müsste ihn suchen. Aber (→ siehe Greta). Jedenfalls habe ich ihr heute geschrieben. Endlich. Es wurde aber auch zufällig Zeit. Sie wird gewartet haben.

---

19 Die Namen sind mit lebenden Personen weder verwandt noch verschwägert noch in irgendeiner Weise mit Tatsächlichkeit verknüpft.

Auf leeres Papier. Einfach so. Zum Wiederverwenden. Wie die Worte. Zum Wiederverwenden. Die Sätze. Zum Wiederverwenden. – Ich liebe dich. – Ich liebe dich auch, einfach so. Wie leeres Gerede. Einfach so. Aber egal. Egal ist 66. (Oder 88). Sagte Oma, wenn mir egal war, was es gerade nicht zu essen gab. Das meinte ich mit *Ost-/verwandtschaft*. Auch tot. Einfach so. Von dem einen auf den anderen Schlager. Sanft. Freundlich und friedlich. Wie die Rev. 89. Ich habe geschrieben darüber (→ München, ISBN-Nr.: 978-3-406-61263-3, S. 171). Der Ort für die letzte Bestimmung ist für alle Menschen gleich. Wie das Recht auf Artikel 1 im Grundgesetz der Bundesverwaltung: *Die Würde des Menschen ist nicht belastbar.* Der Postbote kommt.

Ich höre, wie mein Leben in den Briefkasten rieselt. Etwas wurde fallen gelassen. So, wie es auch die Hunde machen, und Herrchen räumt weg. Aber ich weiß ja, welcher Satz fehlt. Um die Briefmarke tut es mir leid. Um die Erwartung. Jetzt bin ich nicht mehr so heiter, wie ein paar Gedanken weiter oben, wo ich dem Süden etwas näher war. Dunkel ist es auch geworden, hier, über meinem Abwaschbecken. Früher hätte ich heute noch heizen müssen. Heute kann ich an früher denken. Mehr hat sich nicht verändert. Der rote Oktober mit seinen deutschen Kastanien im Laubfall feiert morgen sich selbst. Und das seit 5 und 20 Jahren.

LXXVIII

Wen hast du, als du mich liebtest, geliebt? Auch die Zeitung
vom 3. Oktober hat darauf gar keine Antwort. Es lohnt sich die
Lektüre nicht, wenn meine Belange nicht verhandelt werden.

Der Ausfall der letzten Stunden, wir waren beim Inzest ange-
kommen, macht sich bemerkbar. Aber er muss jetzt selber
schreiben. *Und alles sich von der Seele.* Warum benehmen sich

Autorinnen und Autoren – und auch solche, die es tatsächlich
sind – manchmal wie Dienstpersonal. Auf jeder Messe treffe
ich einen, der einem anderen gerade die Schuhe zubindet oder

die Brieftasche trägt. Und dann nichts als ein Freibier. Danke.
Mein geistiges Gemüt, wenn ich das so sagen darf, ist von einer
Welt geflutet, die es geistig unterfordert. Das, und irreversibel,

ist mein Schmerzens-/abgrund. Denkt einer von den Erbsen-
zählern noch heute an Luther? *Hier liege ich, ich kann nicht an-
ders.* Giordano Bruno hat sich die Garotte an den Hals legen las-

sen, nur um nicht zu unterschreiben, was die Sparkasse wollte.
Das waren noch andere Schriften, möchte ich denken. Und prost.
Leider kann ich es nicht rückverfolgen, wer die Buchstabensuppe

erfand und warum. Aber 1 Szene sehe ich wieder und wieder.
Wie du in der Menge am Flughafen verschwunden warst, wie
auch ein schöner Vogel am Himmel verschwindet, sobald er

nicht mehr allein ist. Lange konnte ich mit meinen Augen deine Augen halten, aber dann hast du die Hände in einer Weise bewegt, wie wir gemeinsam immer die Fliegen verscheuchten, wenn wir uns liebend in den Augen lagen und nicht gestört sein wollten von Fliegen. – «Ich habe diese Bewegung niemals verstanden.» – «Du weißt, wie sehr ich Abschiede verabscheue.» –

«Oder ich war dir lästig, wie Fliegen.» Kein Wort konnte ich je wieder glauben. Aber nicht, weil sie log, sondern weil sie nicht wusste, was ihre Rede verschwieg. Armes Reh, falle lautlos und

tief. Der erste Gedanke gehört immer dem Staat. Aber danach werden wir zur Rechenschaft gezogen. Und ich habe jedes Wort bezahlt, mit meinem dürftigen Leben. Nun ist es so gut. Mit dir

zu sein, war eine Metapher. Ich hätte es wissen können. Aber ich wollte das Buch. Mit den Wänden zu sprechen, ist übrigens wahn-/sinnig nett. Wir haben uns angefreundet, seit ich allein

mit mir schlafe. Kürzlich die Antwort: *fuck yourself*. Niederlagen kommen und gehen, die Abweisungen, ab einem Alter wie meines. Das Kind in mir hätte niemals zur Schule gedurft, wäre

ich nur mein Vater gewesen. Aber das sind so Wunsch-/urbilder, imaginäre Versuche, sich das Leben erträglich zu denken. Andere trinken. Fände ich auch besser als z. B. die *Tagesthemen* im

Ersten. Immer diese traurigen Augen des Nachrichtensprechers. Wie Steine, die in die Leere seiner Sendungen fallen.

LXXIX

Warum noch denken, wenn es bestraft wird. Escitalopram wirkt
nachweislich besser. Bin erstaunt und zufrieden, morgens, wenn
er wie 1 Eiche im 30-/jährigen Krieg (steht). Eben noch der Alp-

traum vom ent-/wendeten Leben, und dann wächst zusammen,
was wie es will. Für den Augenblick dieses Anblicks, *also bin
ich, also existiere ich.* Du fehlst mir seit 2 Stunden nicht mehr.

Aber die Fischsuppe. Einmalig. Ich lebe, irgendwie, auch ohne
sie weiter. Obgleich soviel Liebe in ihr lag. Alles, was zu geben
du imstande warst. In kleine, feine Würfel geschnitten, aufge-

kocht und abgelöscht mit dem Ekel vor, leider weiß ich es nicht.
Die Imago des Vaters vielleicht, vielleicht auch der Mutter. Und
ich aß das tatsächlich (wahnsinnig gern). Warum nur bist du es,

die nicht aus meiner Sprache verschwindet. Ich bin es ja auch
nicht, was du zu einem Knoten dir ins Taschentuch knüpfst, um
nicht zu vergessen, es zu vergessen. Schon wieder 1 Einladung

der Bundesstiftung zur Ab-/arbeitung der Folgeschäden aus den
Zeiten der SED-Diktaturunterlagen. Sie wissen, dass ich nicht
mit der Straßenbahn und einmal um die Eck-/bank komme. Aber

keiner gibt nach. Jedes Jahr dasselbe Spielzeug. Wie die Spule
bei Freud. – Da, fort, da. – Bleib, geh, bleib. – Ja, nein, ja. Wer
dich küsst, wird daran sterben. Halte die Hände geöffnet und ins

offene Feuer. Das ist die Wahrheit der Wahrheit letzter Schluss.
Skylla und Charybdis. *Durch diese hohle Gasse muss er kommen.*[20]
Mir geht es erträglich, wenn ich nicht täglich daran denke. z

neopositivistische Maurerlehrlinge nerven mich jeden Tag mor-
gens. Sie sagen immer dasselbe. Dann messen sie ihre Schwänze
mit einem Zollstock, von dem noch der Ziegelstaub der letzten

Schwarzarbeit rieselt. Wer zuerst kommt, hat verloren. Wie im
Leben der Schweine, wenn der Metzger sie ruft. Alles wird ar-
biträr. Schuld ist der Punkt, wenn er zu einer Linie wird. Aber

mit wem reden darüber. Die Flüchtlingsströme haben andauernd
andere Sorgen. Von der Aufklärung geradewegs in ein Heim bei
Heidenau[21]. Diesen Brandsatz versteht nicht einmal, wer dafür

bestens bezahlt wird. Du fehlst mir seit 3 Stunden nicht mehr.
Ich nehme die Straßenbahn und fahre doch (hin). Meine Unter-
lagen liegen lange schon verbrannt und um-/nachtet. Auch sie:

die reine Kontingenz. Aber mit wem reden darüber und schwei-
gen. Wir kommen und gehen, und alles bleibt dunkel. – «Willst
du Schubert hören oder Bach?» – «1 Teller Tütensuppe wäre jetzt

nicht schlecht.» Irgendwer sagt: Poesie ist immer Primär-/text.
Weil sie die Linie verweigert. Wenn ich es nur wüsste. Und der
Oktober, der zur Nacht sich neigt.

---

20 Schiller, Friedrich: «Wilhelm Tell» (IV/3).
21 D.D.R.

Blicke 11.11.15 I 12.11.15 I 24.11.15 I 26.11.15

LXXX

Ich finde es schwierig, einen Satz zu beenden, ohne dass das,
was er sagt, nicht schon wieder in einem anderen Licht steht.
Allem Anschein nach ist anscheinend dasselbe wie scheinbar.

Was ist, ist zu sehen. Nur nicht direkt. Man muss Übersetzungen
treffen, ein Lachen als vegetativen Zusammenbruch deuten, ge-
gebenenfalls. Als ich heute vom Joggen zurück in meine private

Dunkelheit kam, fiel mir ein, was mir aufgefallen war: 1.) Ich
komme immer an der Justizvollzugsanstalt vorbei und denke nie
darüber nach. 2.) Wer sagt mir, wo wie man läutet, wenn einer

hinein will. Die drei Sterne links oben am Eingang irritieren den
Gast. Über die Qualität des Hauses geben sie keine Auskunft. Es
sind die Kontexte andere, fremd, von Zeichen zu Zeichen. Ein

Thema habe ich gerade nicht. Ich schreibe dennoch weiter und so.
Irgendwann taucht es auf. Oft dann, wenn es stört. Der Abend
könnte so schön sein, ohne eine Absicht. Die Kopie eines Engels

neben der Kopie meines Elends. Plötzlich rauscht es vorbei. O
Herr, der du mich hütest. Im Ernstfall schicke ich mein lyrisches
Ich vorbei, zur Klärung eines Sachverhaltes. Identisch ist nichts.

Im Gedicht aber geht das in Ordnung. Ich *(je)*[22] bin schließlich
auch nie identisch mit Ich *(moi)*[23]. Etwas schwierig, ich gebe es
zu. Aber ein Leistungskurs mit Hauptfach Deutsch für Anfänger

---

22 Soziales Ich.
23 Imaginäres Ich.

braucht neue Ziele. Heraus-/formungen. Geile Nachmittage.[24] █

██

██

████████████████████ *Fuck ju Göhte* [25]. Der Mais, wenn man

stadtauswärts nach Bern unterwegs ist: eine schwarze Armee in

einem Krieg ohne Sprache. – «Wie alt möchtest du niemals wer-

den?» – «Vielleicht können wir lustvoll erblinden im Verschwin-

den der Zeit?» Blatt für Blatt kehrt der Gedanke in seinen Ur-

sprung zurück. Wer jetzt kein Haus kauft. Rainer ruft an: ich

solle aufhören, besser, für heute. Die Bäume verlieren ihr Haar,

alle. Die Jahreszeit macht ernst. Ich lese weiter, als wäre nichts,

dennoch. Ein Bus voller Schweizer Autoren kommt gerade zu-

rück von der Messe im «Frankfurter Hof». Volltrunken. Dann,

von L. aus, mit dem Taxi die Spirale hinauf, wo immer der Berg

ruft. – *Liebe Mutter, ich habe dir lange nicht geschrieben. Es war*

einfach zu viel los. Eine Serie folgt einer anderen. Geht es deinem

Herzschrittmacher hoffentlich auch wieder besser? Ich weiß, ich

hätte nicht geboren sein dürfen. Jetzt sind wir alle daran schuld

und nur wenig mit Glück ausgestattet. Meine Zelle ist immer

sauber. Kennst du das auch: je länger man die Wörter betrach-

tet, desto ernster schauen sie zurück? Und der Winter beginnt,

sobald wir es nicht mehr erwarten.

---

24 Dem folgt eine Verwerfung (paradigmatisch/psychotisch).
25 Prüfungsfrage.

LXXXI

Man gewöhnt sich an alle Preise. Es ist nur eine Frage der Wiederholung im alltäglichen Verkehr. Wer kein Geld hat, dem ist egal, was es kostet, und wer Milliardär ist, weil ihm eine andere Arbeit zu hart war, muss schließlich auch etwas essen. Wenn er dann z. B. Wasser mit Champagner verwechselt, so sicher nur, weil er ein Mit-/leiden mit den Hungernden fühlt. Ich mag tat-

sächlich keine polternden politischen Gedichte, aber wo sie unabänderlich sind, sind sie ein Schicksal (siehe → Wladimir Majakowski), eine Art von *doppelter Prädestination*. Nein, bitte,

fragen Sie jetzt nicht weiter (nach). Es hängt mit der ontologischen Verwerfung zusammen. Ich lese gerade gar nichts. Das aber erstaunlich gern. Meine Augen werden zu früh schon sehr

alt. Besser jetzt keine weiteren Untersuchungen. – «Die Erblindung steht dir ins Gesicht geschrieben.» Nichts wird, wie es war. Lange denkst du, du hast etwas fest in der Hand, aber es sind nur

falsche Sätze. – «Dass ich tot bin, hatte er vergessen. Von dem einen auf den anderen Schmerz.» Blindheit + Auge, Schatten + Licht. So oft stellt sich diese linguale Verbindung ganz von

allein ein, dass sie wohl wohl oder übel zu meiner Erzählung vom Sterben gehört. Mein Unbewusstes ist klüger als mein Wissen vom Wissen. Ich lerne, mit jeder Verzweigung, dazu.

Es gibt nur einen Ort, sich selbst nie zu treffen, und das ist
die Sprache. Ich möchte gern einfacher atmen. Dem Volke
nach-/empfunden, nach-/geschraubter. So versöhnlich, wie wenn

wer etwas abgibt von dem, was ihm fehlt. Wie meine ich das.
Sagen wir so. Wäre ich nicht Bestandteil der Welt als deren anti-
ephemeres Ereignis, wollte ich gleich, dass es mucksmäuschen-

still um meine Sehnsucht nach anderen Verhältnissen wird. Das
schreibe ich auf + für dich. Du wirst das lesen, sobald es zu spät
ist. Bücher kommen immer zur Un-/zeit. Wie eine Liebe, und da-

zwischen der Fluss. Das schreibe ich auf für dich und für mich.
Wir werden das lesen. An einem Donnerstag. Wie im Gedicht
von César Vallejo, der an einem Donnerstag starb. Etwas in uns

weiß stets Bescheid. Und das Sein des Bewusstseins geht dem
entgegen. Ich treffe mich nicht, solange die Sprache noch mit
mir spricht. Das ist die gute Nachricht. Eine Außenhaut innen

ist nicht vorhanden. Das ist die andere Seite des empfindlichen
Etwas. Was für andere die Homöostase, ist für mich der dauern-
de Durchzug (von Welt-/verhängnis). Meine Räume sind ohne

Wände geblieben. Meine Wände sind ohne Spiegel geblieben.
Keinen Weg gibt es zu Gott. Nur die Klage lässt er uns gelten.

LXXXII

Wäre der Tod eine wirklich sichere Sache, weil niemand auserwählt wurde, ich würde ihn wählen (und dann keine Partei). Am Zeit-/geist ist etwas faul im Geruch. Es fehlt ihm an Zeit

für sich selbst. Ich leide immer an etwas. Aber das stärkt auch die Muskeln des Herzens. Gestern, mit dem Dampfer über den Zürichsee, wurde es lustig. Kaspar Hauser stieg zu und erkannte

in mir seinen Bruder. Das war nicht nur ein Kompliment. Kontrast- und Ähnlichkeitsbeziehungen sind das Salz in der Suppe. Die Metapher ist tot. Ich habe dich vergessen. Doch wenn ich es

schreibe: «Ich habe dich vergessen», wird die Lüge zur Wahrheit im Satz. – «Das sind so die Stellen, wo du mir so richtig voll auf den Sack gehst.» – Auch falsch, wenn es die Frau sagt. Noch nie

so deutlich habe ich gespürt, wie man gesprochen wird, sobald man es zulässt. Oder anders gedeutet: Ich habe noch nie so gut verstanden, wie schnell man verlernt, etwas verstanden zu ha-

ben. Wenn ich ehrlich bin, muss ich gestehen, dass ich immer nur lüge. Mit jedem Wort, das ich verschweige (zum Beispiel). Wir haben oft nichts zu sagen und erzählen es jedem. Furchtbar

un-/fruchtbar. Sobald ich keine Sätze mehr finde, finden die Sätze mein Leben, und das wäre mehr Nachteil als komisch. Kaspar Hauser sprang übrigens (nicht) von Bord. Das war die am stärk-

sten diskutierte Szene, ehe es zu regnen begann. Eigentlich ist es
oft nur ein Schritt, den man sich leisten müsste, und alles wäre
verändert. Es muss nur eben eine Grenze geben, die aufgegeben

wird. Der Oktober wirft so viel Gold in den Herbst, wie Millio-
näre ihrer Fick-/maus zu Weihnachten schenken. Es gibt zahl-
reiche Männer-/prothesen, Charakter-/dubletten, Ersatz-/varian-

ten, die so arm sind, dass sich ein Eiswürfel fast wie von selber
im Verhüterli bildet, dort, wo andere ihren Zeugungs-/stoff
zwischen-/abspeichern. Sex ohne Erotik findet fortwährend und

überall statt. Der entgrenzte, geheimnislose Körper, und immer
geil auf den Tod. Ich bitte (wen?), sterben zu dürfen. Die Gnade
wäre ein Punkt, den keiner mehr findet. Der Herr ist der Knecht.

Und der Knecht ist der Herr. Jeder beutet sich aus, und so gut,
wie er den Anderen abschaffen konnte. Ich denke (heute), ich
hätte (vielleicht) etwas wirklicher in sie eindringen müssen, an-

statt ihr immer nur mit Gedichten (über die Liebe) zu kommen.
Versaut ist manchmal aber auch ein Ereignis. Den Bahn-/verkehr
für gescheiterte Paare finde ich nur noch zum Kotzen. Heute,

zwischen 16 u. 16 Uhr 30, ging absolut nichts mehr im abgedun-
kelten Bereich. Einen Zusammenhang zwischen dieser Verwerfung
im profanisierten alltäglichen Alltag und Hegel kann ich leider

auch nicht erkennen. Aber so ist es, wenn die Welt-/wirklichkeit
zur reinen Kontingenz herabgesunken und eingefroren ist.

LXXXIII

Die Schweiz ist kein gefährliches Herkunftsland (mehr). Das
macht es so schwer, von hier weg und z. B. nach Crautenbach im
Odenwald (und dort in einen Kuhstall mit Heizung) zu kommen.

A-/sylanträge aus Zürich z. B. werden meines Wissens gar nicht
erst ernst genommen. Bern, Basel, Lenzburg bei Nacht: alles Wohl-
standszone eins a. Dabei rutscht man regelrecht aus, weil die Wald-

wanderwege glatt wie ein Zeilen-/sprung bei Goethe, Johann v.
Wolfgang sind. Nirgends eine Kante, die Halt bieten könnte,
kein Bruch, der zum guten Buch zu später Stunde wird. Alles

unendlich (gehorsam). Und das soll kein Grund für eine Flucht in
die Ostwälder sein, wo Mensch und Tier einander teuer wie ein
Pelzmantel für Bären sind? Damit jetzt kein Missverstand auf-

keimt: «Ich liebe doch alle. Alle Menschen.»[26] Gut, der das sag-
te, war nicht mein Genosse, aber besser zu einem Ausdruck er-
heben, wie sehr ich die Schweiz und ihre Bürgerinnen mag, kann

ich das gerade auch nicht. Wie herrlich langsam sie ihre Schlag-
sahne lutschen. Jedes Wort, ehe es die verborgenen Orte des
Mundes verlässt, wird vorher verkostet. Was kein «i» in sei-

nem Namen trägt, bleibt besser unausgesprochen. Nachsicht ist
der Vater der Porzellan-/sammlung (auch hier). Klug ist ebenso
das Wetter. Im Winter kalt, im Sommer nicht. Sie hieß anders

---

26 O-Ton: Mielke, Erich (Stasiopfer Nr. 1), am 13. November 1989.

als die meisten im Westen und kam aus dem Süden. Blonde
Perücke, schwarze Figur. Ein hübscher Abend, bis die Kerze
abgebrannt war. Danach kalte Umschläge. Andere Länder, an-

dere Suppen. Was die Länge der Dauer betrifft: Hochleistungs-
training. Weiß nicht, ob das noch als verständlich erscheint. A-
ber es muss ja auch noch etwas un-/geklärt bleiben, damit die

Übersetzer überlegen können, was wie wann und danach kommt.
Mein (neues) Mäuschen meint auch: über Sex wird viel zu viel
geredet. – «Und solange sie reden, reden sie eben.» So wird die

Sprache zum Präservativ. Falsch. Zu einem Botenstoffhemmer.
Das Feuer ist noch gar nicht erloschen, schon kommt die Kälte
zurück. Dann ging alles sehr schnell, denn es bleibt ja, wenn ich

richtig gerechnet habe, auch nicht mehr viel Zeit. Aber schlank
war sie doch[27]. So fiel ich in meinen Ur-/sprung zurück wie ein
Napfkuchen, wenn er durch einen Fehler des Bäckers wieder zu

Teig wird. Ich meine: das Wasser ist nicht allein zum Baden da.
Oder so immer weiter und jeden auf sich zukommen lassen, der
noch etwas von deiner Libido will. Es gibt schlimmere Arten von

Selbst-/abschaffung. – «Ich warte dann schon mal unten!» A-
ber dennoch: lieber die Taube auf dem Dach als den Spatzen.
Wenigstens hört man sie dann. – «Die Diktatur der Möglich-

keiten.» – «Wir sind wirklich zu frei.»

---

27 «Aber schön war sie doch, aber schön war sie doch, und ich möcht es noch ein-
mal erleben!» (Schlager, siehe → Hildegard Knef).

LXXXIV

Jedem Anfang ist das Ende eingeschrieben, wie auch das Laub,
wo es noch grün und im Glanze seiner Schönheit fest verbunden
mit den Bäumen ist, bereits vom Ab-/fall am Rande der Land-

straßen kündet. Meine Blumen, die ein Bote dir zu Füßen dei-
nes Hauses legte, waren kein Angriff auf die verschlossene Tür.
Ich wollte nur etwas sagen damit. Denke, was immer du willst:

die Wahrheit ist nie, niemals teilbar. Jeder ist allein, mit seiner
Erzählung. Was dich begehrt, musst du töten. Ich hätte es ahnen
können, dass alle Sätze unbedacht sind, wenn sie positiv enden.

Zum Beispiel die Fang-/schrecke: sie frisst ihr Männchen von
hinten, während es vorn sie von hinten befruchtet. Was ich mich
frage: wann nur merkt es das idiotische Tier, dass da etwas nicht

stimmt, und warum macht es weiter, solange die Funktion funk-
tioniert? Ist es schön, im Schönen zu sterben? – «Ich habe mich
selbst nicht geliebt, als du mich geliebt hast.» – «Kannst du das

bitte noch einmal sagen und so, dass deine Mutter es mithört?»
Vor mir der vergoldete Herbst. Die Alpen im Hintergrund. Ge-
zackt wie eine Aktienkurve, die gerade abstürzt. Die Farbe des

Himmels und die Farbe des Blutes aus den Adern eines Mannes
mit meiner Geschichte. Vertrauen ist der Anfang zum Unglück.
Ich hätte deinen Sätzen nichts hinzufügen dürfen. Sie hatten nie

eine Kenntnis von ihrer Wirkung. Jetzt erfriert mein ungewisses
Leben an der Gewissheit, dass es kalt ist an deinem inneren Ort.

Wäre ich gerade nicht am Hallwilersee, der mir einen Ausweg in

die Tiefe bietet, ich wäre ohne Zukunft und Trost. So aber, im
zerrissenen Wasser, kann ich es lesen: alles wird von allem ge-
trennt. Es ist nur eine Frage der Dauer. 20 Jahre oder zwei. Ich

denke jetzt: wie einerlei. – Der Reim kommt zurück ins geplün-
derte Herz. Was für ein Zeichen + Wunder (!). Sich selbst zu ü-
berleben, ist die schwerste Geburt. – «Ich habe ehrlich versucht,

dich nicht zu verstehen, um länger bei dir bleiben zu können als
nur für die Dauer des Falls in den Abgrund.» Dann fuhr ich nach
Sandblatten zu einem Abendessen ohne Musik. Es wurde wenig

gesprochen während der Speisung, die sich hinzog, vom ersten
Schatten des Abends bis zur vollen Entfaltung des Wahnsinns
um Mitternacht. Zwischen den Gängen, 17 + Dessert zur freien

Auswahl, tauchten ein paar störende Signifikanten aus dem Un-
bewussten der Gastgeber auf wie kleine Fleischeinlagen, die auf
dem Grund der Brühe lagen und mit einer geschickten Bewegung

der Hand ans Licht einer Öffentlichkeit kamen, die rest-/los be-
geistert alles verzehrte, was auf ihrer Blickachse lag. Vom The-
ma zum Rhema: die ver-/rückte Lage der Welt, von ihrem Ur-

sprung bis heute, 22 Uhr 55. Die Flüchtlingskrise. Die Umwelt-
krise. Und immer wieder die Frage: was kommt danach?

LXXXV

Der Tod ist immer das Schicksal der anderen. Bis gestern war es
der Krieg ebenso. Jetzt ist er in Paris angekommen, lautlos, wie
eine Frau, die aus dem Zug steigt und ihr Handgepäck ordnet.
Dann wurde es dunkel. Schwarze Wolken überzogen das Sta-

dion, in dem ein Fußballspiel, die wichtigste Sache nicht, die
bedeutendste aber, seinen Lauf in noch unbekannte Richtung
nahm. 2 Sprengsätze detonierten kurz hintereinander. Der erste
wurde für einen Scherz verwahrloster Kinder auf der Schwelle

zur Schulpflicht gehalten. Der zweite aber ließ die Gesichter er-
starren, schlug sie in Stein, und wie für die Ewigkeit gemeißelt.
Noch sah man ihnen das Lachen der Überlebenden an, nur dass
es sich jetzt, wie ein Muskel, der sich entspannt hat, nicht mehr

auflösen konnte, kalt wie eine Statue aus Gold, die im Baumarkt
an der Kasse steht. Die Aktivisten der gut gepflegten Rasenland-
schaft zogen vom Kriegs-/schauplatz ab, einer twitterte sofort in
den Himmel hinauf: *bin besoffen, nein, betroffen. wir leiden mit*

allen leidenden. Der zweite: *es lebe die demokratie u. die freiheit.*
Erste Antworten machten die Runde rund um den Erd-/ball: *wir*
sind solidarisch mit unseren französischen freunden. Oder: *ein-*
fach nur furchtbar. bin sprachlos. Ein anderer: *mir fehlen die*

tränen für die tiefe dieser trauergemeinde. Daraufhin gingen, ir-
gendwo in Kalifornien, viele sehr anrührende Verbesserungsvor-
schläge ein wie z. B.: *wir können nicht mehr weinen, so tief ist*
das meer der trauer in uns, worauf ein Germanist aus Petersburg

schrieb: *meer und tränen sind 2 semantisch parallele tropen, zu denen es keine verneinungen gibt.* Das war der Dammbruch (!). Ein Kommentator aus Ulan-/Bator: *heee??? was is n lose???,* worauf es vierhundertsiebzehn Likes (Daumen-nach-oben-Smi-

leys, so ich es richtig verstehe) gab. 1 Daumen zeigte nun Richtung Erde, auf der frischer Hundekot lag. Es war die Stimme aus Russland, klar. Nicht kleinzukriegen, dieser eine Mann mit dem ganzen Alphabet auf der Schulter. Es folgten, nicht mehr so sehr

aussagestark, ein *huhu* und ein *hihi.* Dann trat eine Entrüstungslang-/pause ein, man war, wenn ich es so sagen darf, exhaustiert. Nichts, 4 ewige Minuten, bis ein zögerliches: *hey???* den leergeräumten Raum verließ und einen neuen zu begründen half, cool,

wie mit lockerer Hand einen Reifen über den Hauptpreis werfen in einer Weihnachtsmarktbude. Doch da stand ich schon etwas entfernt von dem Bildschirm, der uns entfernt hält, und las den letzten deiner schrecklichen Briefe: «Verzeih, Schatz, wirklich,

aber ich kann mich an keinen Höhe-/punkt erinnern.»

LXXXVI

Ein ruhiger Regen fällt nieder. Der Mangel an Fruchtbarkeit in
der Welt dieser Stunde. Dunkelheit zieht auf wie ein Vorhang,
der langsam herabsinkt. Noch birgt sie ein Licht und den An-
schein, den Dingen einen An-/schein zu geben. Am Hügel über

den Wäldern, die grelle gelbe Leuchtreklame, oder ein Ereignis
ohne Erklärung. Etwas steigt auf, stürzt ab, sagt ja und verstummt,
weil es darauf keine Antworten gibt. Deine Sachen sind in mei-
nem Haus immer noch irgendwo. Es nagen die Ratten am Holz.

Eine Giftspur ist gelegt, aber nutzlos. Die tiefste Zer-/störung
findet außerhalb der Beschreibungen statt. Man ist damit durch,
läuft vorsichtig vorwärts und nicht auf dem Kopf, und dann bricht
das Glas in der Mitte des Tages. Wo meine Traurigkeit wohnt, ist

für andere der Tisch schon gedeckt zur letzten Feier des Jahres.
Ich werde nie verstehen, wie einer lachen kann und gleichzeitig
den Abgang macht. Vielleicht ist diese Geste auch a-/funktional,
eine Art App, die ins Leere feuert (und bezahlt werden muss).

Fassen wir zusammen, was alles schiefging. Dann die Einsicht
in eine Überforderungsszene. Ich sehe ihm regelrecht zu, wie er
da hockt und beim An-/schein eines Lichtes vom 3. Vers Inven-
tur macht, Hauptsatz vergessen. – «Ich habe es bis oben hin satt,

noch immer deinen Wollschal auf der Garderobe zu fühlen,
wenn ich mit der Hand nach dem Ende meiner Erwartungen
greife.» Andererseits, aber ohne Ergebnis. Und auch die Frau
Müller schleicht draußen herum wie eine wildjunge Katze, die

Blicke 9.12.15 | 22.12.15 | 16.1.16 | 17.1.16

es haben will. Nur dass es Mülltüten sind, die sie so begehren. Ich weiß nicht, warum ich hier noch bleiben soll, wenn es Tag und Nacht kalt ist. Das Landmagazin und sein festangestellter Fachmann für Flaschen, der sehr gerne nichts denkt und es gna-

denlos aufschreibt, ist auch 1 Grund unter Gründen, das Handtuch zu werfen, die Kurve zu kratzen und den Löffel wieder abzugeben (Metaphern bitte kalt behandeln und tot für die Toten). Und um es allen ein wenig leichter unter die Tanne zu wichteln:

Wer hat, von den Töpfen, die neu sind, den passenden Deckel? Glück ist immer auch verhandlungs-/bedürftig, eine Regelverletzung. Die letzte Rechnung hält der Wirt, wenn er klug kalkuliert hat, immer zurück, damit die Erben mehr trinken. – «Tut

mir leid, aber es geht gerade um gar nichts. Vielleicht rufst du doch besser später wieder an, sobald der Rotpunsch von REWE seine Zwecke heiligt.» Dann legte er auf und sah sich im Spiegel der Fensterscheibe zu, wie er ganz offenbar und immer noch am

Leben war, die Haare ein wenig wirr und ins Gras am Hang gegenüber gefallen, wo die Nachtwolken über den Tierkörper wachen, der morgen auf der Schlachtbank liegt. Und ein tiefes Erbarmen neigte sich zu ihm und verschwand.

LXXXVII

Die letzten Sätze sind schon zwischen die Dornen und ins Leere
gefallen. a) Nichts liegt mir ferner, als ich es mir bin. b) *In Vino
Veritas*, es gibt immer zu trinken, halleluja. c) Es war so
schön, vor einem Jahr zu dieser Stunde. Anmerkung 1)

Ich war allein, nur er und sein Körper. Die Zeit stand tatsächlich
dort, wo ich sie hingestellt hatte. Sie war nur das Gehäuse der
Uhr. Durch keinen Trichter rieselte Sand. Ich erinnere
mich, ich war mit dir und mir allein. Wir, und unsere leer-

geweinten Körper. Anmerkung 2) Ich erinnere mich nicht. Ich
erfinde die Zusammenhänge, andernfalls ist es gleichbleibend
Nacht. Du warst, was mein Buch wird, unverständlich.
Es gibt keine Liebe, außer im Wort. Wo ein Text endet,

kann ein Gefühl nicht beginnen. Und jeder Satz ist teuer er-/lebt,
meinerseits. Ich habe für alles, was wie und wo geschrieben steht,
eine Quittung im Grundbuch. Anmerkung 3) Was gesagt
werden kann, ist gesagt. Was nicht gesagt werden kann,

ist im Gesagten gesagt. Anmerkung 4) Alles gelogen. Und das ist
die Wahrheit. Kein Blick ist rein, kein Gedanke ist frei. Ich habe
mich geirrt, als ich anfing, mir selber zu glauben. Das
Unmögliche, ich gebe es zurück. Und kein Schnee fällt

auf die Hänge, nichts bedeckt sich mit etwas. Jedes Ding ist dem
Auge ein Ort. Wer es aushält, erträgt auch die Lüge. Ich möchte
das Recht mir bewahren, nicht alles wissen zu müssen. Und
ich liebe den Schnee, der nicht mehr kommt, die Gnade,

die nicht mehr kommt, die Wiederkehr des Anderen, das unter
dem Schnee auf uns wartet. Zeit ist die Wirklichkeit der Worte,
und wie sie im Wind und mit der Zeit ver-/fliegen, verflie-
ßen, und wie das alles in mir ebenso ist. Anmerkung 5) Die

Überflüssigkeiten bleiben konstant. Das Wesentliche lässt länger
+ länger auf sich warten. Ich fürchte den Tag, an dem es nicht
mehr erscheint, weil sein Anfang über die späte Stunde
hinausfällt. Das Leben ist besser als sein Ruf, wenn man

es vom Ende her ansieht. Auf die Masse ist niemals Verlass. Sie
ist immer, wo es zu laut und zu hell ist, im Himmel wie auf
Erden. Im Fall aller Zweifel bin ich es, der eine Gehirn-
störung hat. Und ein Nebel wird sein, der die Täler zer-

reißt und den Mond, der zurückholt, was andauernd verschwiegen
wurde, und der auch die Sprache findet, die sich selbst stets
entgeht. Und wie er sein unendlich weißes Tuch vor uns
breitet, auf dem wir kommen und gehen, gekommen und

gegangen sind. Mahlers Vierte / II. Und so wäre es gut. Sie heißt
Ísabella und erklärt mir meine Steuererklärung. Endlich einmal
ein Engel, der gefallen ist und es von Anfang an sagt[28].
Ístanbul[29]. Jeder Tag ab heute ist seit gestern der letzte.

---

28 «Wir müssen es sagen.» Lacan.
29 «Viele Deutsche bei Anschlag in Istanbul getötet.» FAZ v. 13. Januar 2016.

LXXXVIII

Nichts ist mit sich selber identisch. Eine Bemerkung zu meinen
Gesamtschwierigkeiten. Nachwort + Gebrauchsanweisung.

Um die Logik des Denkens in ihrem Ursprung zu finden, kann
es kein zweites Narrativ geben, das nachträglich zugeschaltet
wird und den Primärtext kommentiert. Jeder spätere Eingriff in die
Wahrheit des Gedankens, die so vorübergehend ist wie die Sache,

der er sich widmet, ist der Lüge näher als jede Aporie. Nicht die
Motivwiederholung und mögliche Zufälligkeit ist ein Defekt der
Struktur, sondern deren Revision wäre es. Denn sie beugt sich
dem Vorurteil des Sehens, zerstört, was der Geist erschaffen hat,

ist die Krawatte, wo der Körper noch nackt ist. Mir sagt mein
Gedicht nicht mehr und nicht weniger, als jedem anderen auch,
nämlich etwas. Identisch mit sich selbst ist nichts, und eben
deshalb kann es auch wahr sein. So habe ich es versucht, gute

2 Jahre hindurch. Und niemals etwas nicht auszusprechen, das
im Blick aus dem Fenster, innen + außen, geschah. Deshalb
auch die Serie der Bilder, die ich *Blicke auf nichts* genannt habe
und die eine Erzählung der Erzählungen sind, so, wie es auch

Träume gibt, die sich selbst bewusst werden können. Sie sagt mir,
wann es geschah und wo es die Orte des Denkens tatsächlich gab.
Darüber hinaus waren die Tage, alle, zerrissen. Das Gedicht also
hat, neben vielen Motiven und Gefühlswirklichkeiten, privaten

und politischen, erlebten und reflektierten, ein Thema grundsätzlich: Wie viele Verletzungen hält ein Mensch aus, die allein dadurch entstehen, dass er sich tatsächlich ansieht? Auch das sind die *Blicke auf nichts* – eine Beglaubigung des Sehens im

Augenblick der Trennung von Phantasma und Logos. Denn wir sehen nichts mehr ursprünglich, sondern werden angeschaut von zerschnittenen Körpern in einer erfundenen, effizienzgenerierten Perfektion. Die Welt ist ein technologischer Effekt und damit für

sich selbst nicht erreichbar. Im Buch Mose war es die Sintflut, heute flutet uns das Reale. Und ich weiß jetzt, was *Ich* ist: nämlich nicht lediglich *ein anderer*, sondern ein Möbiusband in der Sprache, das Wirklichkeit und Erfindung unendlich ineinander

verschiebt. Die Poesie ist der einzige mögliche Ausgang. Noch eine Bemerkung zu den Namen und zur Topographie: Ich habe gut recherchiert und herausgefunden, dass es Städte wie İstanbul, Paris oder Zürich, Aarau oder Lenzburg, aber auch Crautenbach

tatsächlich gibt. Das ist mir erstaunlich. Ebenso gibt es laut deutschem Telefonbuch aus dem O-/denwaldkreis mehrmals eine Frau Müller. Das ist mir ebenso erstaunlich. Jetzt ist es 16 Uhr 47. In diesem Moment gebe ich die Verantwortung an

der Verschriftung meiner Gesamtschwierigkeiten ab an den O-denwald und seine wahrhaft schöne, stumme, dunkle Natur. Und bitte jetzt auch keine Nachfragen mehr, wie etwas gemeint war.

– «Ich weiß es nicht.»

Blicke 22.2.16 | 23.2.16 | 24.2.16 | 25.2.16

LXXXIX
Danksagung

Ich danke dem Deutschen Literaturfonds für seine großzügige
Unterstützung des lyrischen Vorhabens, einmal sich selbst zu
begegnen und ebenfalls so, als wäre es tatsächlich passiert. &

ich danke gleichsam der schon sehr frühen Anerkennung in
Form der Verleihung des Robert-Gernhardt-Preises 2014 an
den Verfasser aller dieser Verse und Sätze und gesammelten

Gesamtschwierigkeiten.

Rom, im Februar 2016

Inhalt

Buch (5) – Wenn alles gesagt ist

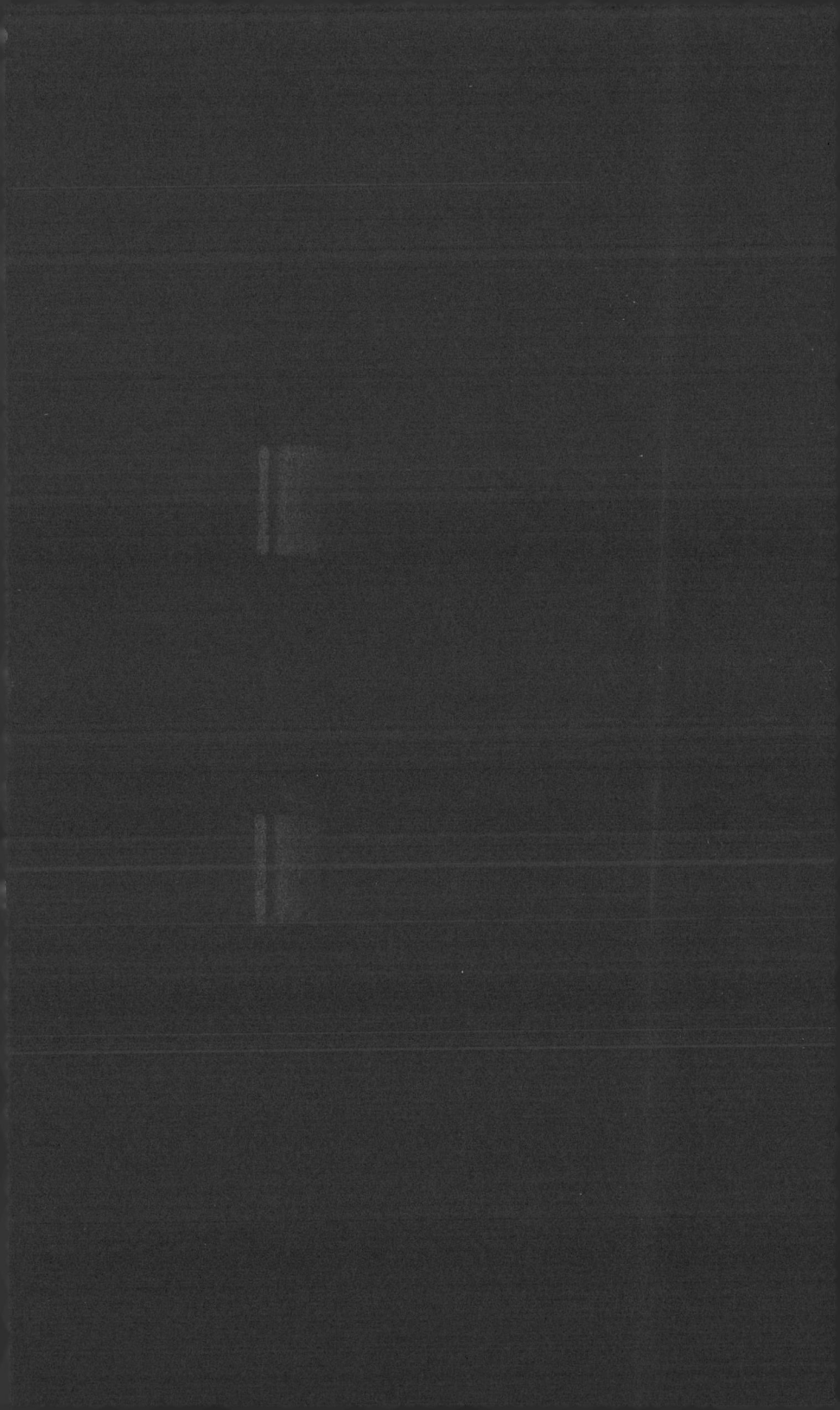